Adolf B. Meyer

Index zu L. Reichenbach's ornithologischen Werken

Adolf B. Meyer

Index zu L. Reichenbach's ornithologischen Werken

ISBN/EAN: 9783743647664

Hergestellt in Europa, USA, Kanada, Australien, Japan

Cover: Foto ©Thomas Meinert / pixelio.de

Weitere Bücher finden Sie auf **www.hansebooks.com**

Herrn Professor Cabanis
freundschaftlichst
vom AB Meyer

INDEX

zu

L. Reichenbach's Ornithologischen Werken

zusammengestellt

von

A. B. MEYER.

R. Friedländer & Sohn.
Berlin,
1879.

Inhaltsangabe.

Vorwort.

Reichenbach's zoologisches Hauptwerk, die specielle Ornithologie, ist bei seinem in diesem Jahre erfolgten Tode unvollendet gelassen und wird voraussichtlich von keinem anderen Autor vollendet werden. Dasselbe ist wegen zum grossen Theil mangelnden Textes schwer brauchbar, und ich glaubte daher nachdem ich einen Theil von Reichenbach's geistigem Erbe als Director des Dresdner Naturhistorischen Museums angetreten hatte und weil das genannte Werk vorwiegend eine Museal-Arbeit gewesen, demselben in soweit wenigtsens einen äusseren Abschluss geben zu sollen, dass ich einen Index dazu verfasste. Ich hoffe mir dadurch den Dank der Besitzer des Werkes erworben zu haben, in deren Interesse wenigstens die Arbeit hauptsächlich von mir unternommen worden ist.

Ich legte, indem ich diesen Index zusammenstellte, keinerlei Kritik an Reichenbach's Arbeit, sondern liess oft selbst Druck- oder Schreibfehler in den Namen stehen, weil, wenn ich einmal hätte anfangen wollen zu verbessern, schwer die Grenze zu ziehen gewesen wäre. Dass neuerdings in meinen Index sich Druckfehler eingeschlichen haben, möge man entschuldigen in Anbetracht des Umstandes, dass es sich um circa 20,000 lateinische Namen handelte und ich es mir nicht zum Ziele setzen konnte eine „classische" Arbeit zu liefern.

Der Titel meines Index ist insofern ungenau, als nicht alle ornithologischen Werke Reichenbach's darin aufgenommen worden sind. Die Vögel Deutschlands und die Vögel Neu Holland's meinte ich unberücksichtigt lassen zu dürfen, da diese Bände mit vollständigem Index versehen sind und auch ausserhalb des Rahmens der anderen stehen.

Die genauen Daten des Erscheinens der einzelnen Abtheilungen und Lieferungen von Reichenbach's ornithologischen Büchern sind höchst ungenügend bekannt und manchmal doch erforderlich, um

Prioritätsfragen entscheiden zu können. Trotz eifrigsten Nachforschens
ist es auch mir nicht gelungen, diese Daten mit Sicherheit zu eruiren.
Ich erhielt jedoch durch die Güte des Herrn Prof. Reichenbach in
Hamburg, des Sohnes des Verstorbenen, dem ich hierfür meinen auf-
richtigen Dank ausspreche, Einsicht in die Buchführung von Fr. Hof-
meister in Leipzig, welche Firma das Werk seiner Zeit in Commission
genommen hatte (während es jetzt in den Besitz der Herren R. Friedländer & Sohn in Berlin übergegangen ist). Folgendes sind die Daten,
welche ich mit dieser Unterlage und mit Hülfe einiger anderer Angaben
zusammenstellen konnte, ohne jedoch dass ich eine Verantwortung für
ihre absolute Richtigkeit übernehmen darf. Das Datum neben der Jahres-
zahl ist dasjenige, unter welchem die betreffende Abtheilung zum ersten
Male an genanntem Orte aufgeführt worden ist; es gilt dasselbe nicht
immer für die ganze betreffende Abtheilung, allein es war mir unmöglich
genauere Details aufzufinden:

1845	20. Februar	Natatores.
1846	3. Juni	Grallatores.
1846	30. December	Rallinae.
1847		Synopsis: Columbariae.
1848	Februar	Synopsis: Gallinaceae.
1848	16. Juni	Columbariae.
1848	16. Juni	Gallinaceae.
1848		Synopsis: Natatores, Grallatores et Rasores: Fulicariae, Rallariae.
1849	1. December	Avium Syst. nat. Taf. I—LI.
1850	1. März	„ „ „ „ LII—LXI.
1850	1. Juni	„ „ „ „ LXXII—LXXXVI.
1850	1. August	„ „ „ „ LXXXVII—C.
1850	1. December	Novitiae: Natatores.
1851	1. Juli	Novitiae: Grallatores et Rasores: Fulicariae, Rallariae.
1851	1. September	Novitiae: Gallinaceae.
1851	1. October	Novitiae: Columbariae.
1851	1. December	Alcedineae.
1852	1. März	Meropinae.
1852	1. October	Vorrede zum Avium Systema naturale.

1853 1. August   Sittinae.
1853 1. November Dacniinae, Certhiinae, Upupinae.
1854 27. Mai   Picinae (Text vom 1. October datirt).
1855 18. Juli bis 12. Januar 1857: Trochilideae und Troch.
                   Enumeratio (18. Juli 1855).
1862   Vollständige Naturgeschichte der Tauben
                   (erste Hälfte), Text.
1862   Neuentdeckte Taubenvögel und Nachtrag
                   (nach dem 1. Juli).
1862 1. April   Central-Atlas 1—5.
1862 14. Mai   „   „   6—8.
1862   „   „   9—13 (bis 1. Juli).
1863   „   „   19—21.
1863   Singvögel (nach dem 1. Mai).

Ich hoffe, dass es gelingen wird, diese ungenügende Liste zu verbessern und zu vervollständigen und bitte, mir dahin zielende Notizen
einzusenden.

Königl. Zoologisches Museum

Dresden, August 1879.

A. B. Meyer.

I. Alphabetischer Index

zu

L. Reichenbach's Natürlichem System der Vögel.

Atticora LXXXVII.
Auchmalea LIX.
Averano LXXXIX.
Avocettula XXXIX.

Balearica XXI.
Basanistes LXIX.
Basilina XXXIX.
Batara LXXI.
Bathmidurus LXXI.
Batrachostomus XC.
Bellatrix XL.
Bernicla X.
Bessonornis LIII.
Bhringa LXXXVIII.
Bhuganga LXXXVIII.
Biensis XX.
Biziura VII.
Blechropus LXIV.
Bonasa XXVII.
Botaurus XV.
Brachypteracias
    XXXIV.
Brachypternus XLII.
Brachypteryx LII.
Brachypus LIV.
Brachyrhamphus II.
Bradybates LX.
Branta VIII.
Brotogeris LXXXII.
Bubo XCI.
Bucco XLV.
Buceros LI.
Bucolus LXXII.
Bucorvus LI.
Budytes LIX.
Buphaga LXXII.
Buteo XCV.
Byrseus LXXV.

Cacatua LXXXIV.

Caccabis XXVII.
Cacicus LXXIII.
Cactornis LXXVI.
Cacreba XXXVIII.
Cairina IX.
Calamanthus LVIII.
Calamblyrhynchus
    LXXIX.
Calamodyta LXI.
Calidris XVII.
Callacanthis LXXVIII.
Callaeas LXXX.
Calliope LX.
Callipepla XXVII.
Calliste LXXVII.
Callocephalon
    LXXXIV.
Calocitta LXXXV.
Caloenas XXIII.
Calornis LVI.
Calurus LXXXVIII.
Calyptomene LXIII.
Calyptorhynchus
    LXXXIV.
Calyptura LXIII.
Campephaga LXVIII.
Campephilus XLIII.
Campethera XLII.
Camptolaimus VIII.
Campylopterus
    XXXIX.
Campylorhynchus
    LVII.
Cancroma XV.
Cannabina LXXV.
Capito XLV.
Caprimulgus XC.
Cardinalis LXXIX.
Carduelis LXXV.
Cariama XXIV.

Carpococcyx XLVII.
Carpodacus LXXIX.
Carpophaga XXII.
Carpornis LXXXIX.
Caryothraustes
    LXXVIII.
Casarca X.
Casmarhynchus
    LXXVIII.
Casuarius XXXII.
Catarractes I.
Cathartes XCIX.
Caulodromus
    XXXVIII.
Celeus XLII.
Centrites LXIV.
Centropus XLVI.
Centurus XLIV.
Cephalopterus
    LXXXIX.
Cepphus II.
Cercopsis X.
Ceriornis XXIX.
Certhia XXXVIII.
Certhidea LXXVI.
Certhilauda LXXIV.
Certhiola XXXVIII.
Certhiparus LXII.
Ceryle XXXIII.
Ceyx XXXIII.
Chaetops LV.
Chaetornis LVIII.
Chalcites XLVI.
Chalcophaps XXIII.
Chamaepelia XXIII.
Chamocza LII.
Chaptia LXXXVIII.
Charadrius XVIII.
Charmosyna LXXXI.
Chasiempis LXVII.

Chaulelasmus IX.
Chauna XIX.
Chaunonotus LXIX.
Cheiroxiphia LXIII.
Chelidon LXXXVII.
Chelidoptera XLV.
Chenalopex X.
Chera LXXVI.
Chibia LXXXVIII.
Chimerina I.
Chionis XXVI.
Chionospiza LXXV.
Chlamydera LVI.
Chloronerpes XLIV.
Chloropsis XXXV.
Chlorornis LXXVII.
Chlorospiza LXXVIII.
Chondestes LXXV.
Chordeiles XC.
Chrysocolaptes XLIII.
Chrysolampis XL.
Chrysomus LXXIII.
Chrysoptilus XLII.
Chrysotis LXXXI.
Chthonicola LVIII.
Cicinnurus LXXXVI.
Ciconia XVI.
Cinclocerthia XXXVII.
Cinclorhamphus LVIII.
Cinclosoma LV.
Cinclotes XXXVII.
Cinclus LII.
Circaëtus XCV.
Circus XCIII.
Cissa LV.
Cissopis LXIX.
Cissurus LXXVII.
Cisticola LVIII.
Citrinella LXXV.
Cladorhynchus XI.

Clangula VIII.
Climacteris XXXVIII.
Cochoa LXXXIX.
Coccoborus LXXIX.
Coccopsis LXXVII.
Coccothraustes
  LXXVIII.
Coccygus XLVI.
Coeligena XL.
Colaptes XLIV.
Coliphimus LXXXVI.
Colius LXXXVI.
Collocalia LXXXVII.
Colluricincla LXIX.
Collurio LXIX.
Colopterus LXVI.
Colubris XL.
Columba XXII.
Columbina XXIII.
Colymbus II.
Comatotis XXXI.
Conirostrum XXXVIII.
Conopophaga LII.
Conostoma LXXX.
Copsychus LX.
Copurus LXIV.
Coracias XXXIV.
Coracopsis LXXXII.
Corcorax LXXXV.
Corethrura XXI.
Cormias LIV.
Corvinella LXIX.
Corvultur LXXXV.
Corvus LXXXV.
Corydalla LVIII.
Coryphegnathus
  LXXIX.
Coryphilus LXXXI.
Corys LXXIV.
Corythopis LII.

Cosmonessa IX.
Cosmurus LXXXVIII.
Cossypha LIII.
Cotinga LXXXIX.
Coturniculus LXXVI.
Coturnix XXVII.
Cotyle LXXXVII.
Coua XLVI.
Cracticus LXXI.
Cranoceros L.
Crateropus LV.
Crax XXIV.
Creadion LXXII.
Crex XX.
Criniger LIV.
Crithagra LXXVIII.
Crocias LXXI.
Crocopsis LIV.
Crombus XXXIV.
Crossoptilon XXIX.
Crotophaga XLVII.
Crypsirrhina LXXX.
Crypticus XLVIII.
Cryptonyx XXIX.
Crypus XL.
Cuculus XLVI.
Culicivora LXII.
Cultrides XLVII.
Cursorius XXXI.
Cutia LXXX.
Cyanecula LX.
Cyanocorax LXXXV.
Cyanotis LXII.
Cyclopsitta LXXXII.
Cyclorhynchus LXV.
Cyclorrhis LXX.
Cygnus X.
Cymbirhynchus
  XXXIV.
Cynchramus LXXIV.

Cypselus LXXXVII.
Cyrtes LXVIII.
Cyrtonix XXVII.
Cyrtotes LXXIII.

Dacelo XXXIII.
Dacnis XXXVIII.
Dafila IX.
Daptrius XCVIII.
Dasycephala LII.
Dasylophus XLVII.
Dasyopsis LXVI.
Dasyornis LVIII.
Dasyptilus LXXXIV.
Dendrobates XLIII.
Dendrocincla XXXVI.
Dendrocitta LXXX.
Dendrocolaptes
     XXXVI.
Dendrocygna IX.
Despotes LXVI.
Diallactes LXXI.
Dicaeum XLI.
Dicranostreptus
     LXXXVIII.
Diglossa XXXVI.
Dioctes LXVI.
Diomedea III.
Diphyllodes LXXXVI.
Diplopterus XLVI.
Ditus XXVIII.
Diuca LXXVIII.
Dixiphia LXIII.
Dolichonyx LXXIV.
Donacobius LVII.
Donacola LXXV.
Drepanis XLI.
Dromaius XXXII.
Dromas XI.
Dromodendron XXXVI.

Drongo LXXXVIII.
Drymodes LX.
Drymoica LVIII.
Dryocopus XLIII.
Dysithamnus LXXI.

Eclectus LXXXI.
Ectopistes XXII.
Edolius LXXXVIII.
Elaïnia LXV.
Elanus XCIII.
Eleothreptes XC.
Ellipura LII
Emberiza LXXIV.
Emblema LXXVI.
Empidivora LXVIII.
Enicognathas
     LXXXIII.
Eniconetta VIII.
Enicornis XXXVII.
Enicurus LIX.
Entomophila XXXV.
Entomyza XXXV.
Eopsaltria LXX.
Eos LXXXI.
Eparnetes LVII.
Ephialtes XCI.
Epimachus XLI.
Eriocnemis XL.
Erismatura VII.
Erolia XVII.
Erythrodryas LX.
Erythrogonys XVII.
Erythrosternia LXVII.
Erythrura LXXVI.
Esacus XVIII.
Eucichla LII.
Eudromias XVIII.
Eudynamis XLVI.
Eudyptes I.

Euetheia LXXIX.
Eulabeornis XX.
Eulampis XXXIX.
Eupetes LII.
Euphema LXXXII.
Euphonia LXIII.
Euplectes LXXVI.
Eupodotis XXXI.
Euptilotus LIV.
Eurocephalus LXIX.
Eurostopodus XC.
Euryceros XLIX.
Eurylaimus XXXIV.
Eurynorhynchus XIII.
Eurypygia XX.
Eurystomus XXXIV.
Euscarthmus LXVI.
Euspiza LXXIV.
Eustephanus XL.
Euthyonyx LXXIV.
Eutoxeres XL.

Falco XCIV.
Falculia XLI.
Falcunculus LXX.
Ficedula LXI.
Fluvicola LXIV.
Formicivora LII.
Foudia LXXIX.
Francolinus XXVII.
Fratercula I.
Fregata VI.
Fregilus LXXXV.
Fringilla LXXV.
Fringillaria LXXIV.
Fulica XIX.
Fuligula VIII.
Furnarius XXXVII.

Galbula XXXIV.
Galerida LXXIV.

Galgulus LIV.
Gallinago XII.
Gallinula XIX.
Gallus XXX.
Garrulax LV.
Garrulus LXXXV.
Gecinus XLII.
Geococcyx XLVII.
Geopelia XXII.
Geophaps XXIII.
Geositta XXXVII.
Geospiza LXXVIII.
Geranospiza XCIV.
Geronticus XIV.
Gerygone LIX.
Glareola XXVII.
Glaucis XXXIX.
Glaucopteryx XCIII.
Glyciphila XXXV.
Glyphidiura XCII.
Glyphorhynchus
XXXVI.
Goura XXIII.
Gracula LXXII.
Graculus VI.
Grallaria LII.
Grallina LIX.
Grammatoptila
LXXXV.
Grammicus XLIX.
Grandala LX.
Graucalus LXVIII.
Grus XXI.
Gubernatrix LXXIV.
Gubernetes LXX.
Gygis IV.
Gymnocephalus
LXXXIX.
Gymnocorvus LXXXV.
Gymnoderus LXXXIX.

Gymnogenys XCVIII.
Gymnomystax LXXIII.
Gymnops LXXII.
Gymnorrhina LXXI.
Gypaëtus XCVIII.
Gyphierax C.
Gypogeranus XCIII.
Gyps C.
Gypsictinia XCIII.
Gyrinorhynchus
LXXIX.
Gyrola LXXVII.

Habaloderma
LXXXVIII.
Habia LXXVIII.
Haematopus XI.
Haematornis LIV.
Haemophila LXXVII.
Halcyon XXXIII.
Haliaëtus XCVI.
Haliastur XCVI.
Halodroma III.
Hapalocercus LXVII.
Hapalura LXVII.
Hapalurus LXXXVIII.
Harelda VIII.
Harpagus XCIV.
Helaerornis LXXII.
Heliactinia XL.
Heliaptex XCI.
Heliornis XX.
Heliothrix XXXIX.
Helotarsus XCVIII.
Helotriorchis XCVIII.
Hemicercus XLIII.
Hemichelidon LXIV.
Hemignathus XLI.
Hemilophus XLII.
Hemipalama XIII.

Hemipipo LXIII.
Henicocichla LVIII.
Hephthaenura LX.
Herodias XV.
Herpsilochmus LII.
Heteraetus XCVI.
Heteropoda XIII.
Hexanemus LXXXV.
Hieracidea XCIV.
Hieraëtus XCVII.
Hierax XCIV.
Himantopus XI.
Hirundo LXXXVII.
Hodoiporus LIII.
Holocnemis LII.
Hoplopterus XVIII.
Houbara XXXI.
Hybristes LVII.
Hydrochelidon IV.
Hydrocorax LI.
Hydroictinia XCIII.
Hydrophasianus XIX.
Hydropsallis XC.
Hylacola LVIII.
Hyliota LXIV.
Hylocharis XL.
Hylophilus LXI.
Hymenolaimus VIII.
Hypergerus LIV.
Hyphantes LXXIII.
Hyphantornis LXXVI.
Hypocnemis LII.
Hypsibemon LII.
Hypsipetes LIV.
Hyptiopus XCV.

Jacamaralcyon
XXXIV.
Jacamerops XXXIV.
Ibicter XCVIII.

Orocetes LIII.
Orpheus LIII.
Ortalida XXIV.
Orthotomus LVIII.
Orthonyx XXXVIII.
Ortyx XXVII.
Ortyxelos XXVII.
Orynx LXXVI.
Othello LXXI.
Otis XXXI.
Otocorys LXXIV.
Otogyps XCIX.
Otus XCI.
Oxylophus XLVI.
Oxynotus LXXXIX.
Oxyrhamphus
    XXXVI.

Pachycephala LXX.
Pachyrhynchus LXX.
Padda LXXVI.
Padilymbus II.
Pagophila V.
Palaeornis LXXXII.
Palamedea XIX.
Pallenis LXXXVII.
Pandion XCVI.
Panyptila LXXXVII.
Papa LXXIX.
Paradisea LXXXVI.
Paradoxornis LXXX.
Pardalotus LXX.
Parisoma LXII.
Paroaria LXXVI.
Parodia LXXXVI.
Parra XIX.
Parulus LVIII.
Parus LXII.
Passerculus LXXV.
Passerella LXXV.

Pastor LXXII.
Pauxi XXIV.
Pavo XXX.
Pedionomus XXVII.
Pelecanus VI.
Pellorneum LIII.
Penelope XXIV.
Penelopides XLIX.
Penthestes LXII.
Penthetria LXXVI.
Perenopterus IC.
Perdix XXVII.
Pericrocotus LXVIII.
Periporphyrus
    LXXVII.
Perisoreus LXXXV.
Peristera XXIII.
Pernis XCV.
Petrocincla LIII.
Petroica LX.
Petronia LXXV.
Petrophassa XXIII.
Pezoporus LXXXII.
Phaëthon VI.
Phaëtornis XL.
Phaëtusa IV.
Phalaropus XII.
Phalcoboenus XCVIII.
Phaleris I.
Phaps XXIII.
Phasianus XXX.
Phegornis XVII.
Pheucticus LXXVIII.
Phibalura LXXXIX.
Philedon XXXV.
Philemon XXXV.
Philepitta LVI.
Philetaerus LXXVI.
Philohela XII.
Philomachus XIII.

Phlegopsis LVII.
Phodilus XCII.
Phoenicocercus LXIII.
Phoenicophaeus
    XLVII.
Phoenicopterus X.
Pholidocoma LXXVI.
Phoneutria LXVII.
Phonygama
    LXXXVIII.
Phrygilus LXXVIII.
Phyllomanes LXX.
Phytotoma LXXXVI.
Piaya XLVI.
Pica LXXXV.
Picathartes LXXXV.
Picolaptes XXXVI.
Picumnus XLV.
Picus XLIII.
Piezorhynchus LXIV.
Pipilo LXXVII.
Pipra LXIII.
Piprites LXIII.
Pithys LII.
Pitta LII.
Pitylus LXXVII.
Pityriopsis LXXXIX.
Platalea XV.
Platycercus LXXXII.
Platyrhynchus LXVII.
Platysmurus LXXX.
Platysomus XXXIV.
Platysteira LXIV.
Platyurus LVII.
Plectorhyncha XXXV.
Plectronyx LXXV.
Plectrophanes LXXIV.
Plectropterus X.
Pleiodus XXV.
Ploceus LXXVI.

Plotus VI.
Pluvianellus XVII.
Pluvianus XXXI.
Plyctolophus LXXXIV.
Phyonura LIX.
Podager XC.
Podargus XC.
Podica XX.
Podiceps II.
Podoces LXXXV.
Poëphila LXXV.
Pogonornis XXXV.
Poliochrus LXXXIX.
Poliornis XCVI.
Polyborus XCVIII.
Polyplectron XXX.
Polystictus LXVII.
Polyteles LXXXII.
Polytmus XXXIX.
Pomatorhinus LVII.
Porphyrio XIX.
Porzana XX.
Pratincola LX.
Prinia LVIII.
Prion III.
Prioniturus LXXXII.
Prionops LXX.
Prionotelus
    LXXXVIII.
Procellaria III.
Procnopis LXXIX.
Progne LXXXVII.
Promerops XLI.
Prosecusa LIV.
Psalter LVII.
Psaralector LXXII.
Psaris LXX.
Psephotus LXXXII.
Psilopogon XLV.
Psilorhinus LXXXV.

Psittacara LXXXIII.
Psittacopsis LXXX.
Psittacula LXXXI.
Psittacus LXXXII.
Psophia XXI.
Psophodes XXXV.
Pteraëtus XCVII.
Pterocles XXVIII.
Pterocyanea IX.
Pterocyclus LV.
Pteroglossus XLVIII.
Pteropodocys LXVIII.
Pteroptochus LVII.
Ptilinopus XXII.
Ptiliogonys LXXXIX.
Ptilobaphus LXII.
Ptilochloris LXXXIX.
Ptilonorhynchus LVI.
Ptilopachus XXVII.
Ptiloris LXXXVI.
Ptilostomus LXXX.
Ptilotis XXXV.
Pucrasia XXIX.
Puffinus III.
Pycnonotus LIV.
Pyranga LXXVII.
Pyrenestes LXXIX.
Pyrgita LXXV.
Pyrgitina LXXV.
Pyriglena LII.
Pyrocephalus LXV.
Pyroderus LXVIII.
Pyrrhocheira LIII.
Pyrrhocorax LXXXV.
Pyrrholaimus LIX.
Pyrrhula LXXIX.
Pyrrhulauda LXXIV.
Pyrrhulopsis LXXXII.
Pyrrota LXXVII.
Pytelia LXXVI.

Quelea LXXVI.
Querquedula IX.
Querula LXXXIX.
Quiscalus LXXIII.

Rallina XX.
Rallus XX.
Ramphastos XLVIII.
Rectes LXV.
Recurvirostra XI.
Regerhinus XCV.
Regulus LXII.
Rhamphocebus
    LXXVII.
Rhamphocoenus LVII.
Rhea XXXII.
Rhinortha XLVI.
Rhipidura LXIV.
Rhinocrypta LVII.
Rhodostethia V.
Rhopoterpe LII.
Rhynchaea XII.
Rhynchops IV.
Rhynchotus XXVI.
Rhyticeros L.
Rhytipterna LXV.
Rissa V.
Rostrhamus XCVIII.
Rubecula LX.
Rupicola LXIII.
Ruticilla LX.

Salpinctes LVII.
Salpornis XXXVIII.
Saltator LXXVII.
Sappho XL.
Sarciophorus XVII.
Sarcorhamphus C.
Sarkidiornis X.
Saroglossa LXXII.

2

Sasia XLV.
Satellus LXVI.
Saurophagus LXVI.
Saurothera XLVII.
Saxicola LX.
Scaphidurus LXXIII.
Scaphorhynchus LXVI.
Schistochlamys
    LXXVII.
Schizorbis LXXXVI.
Schizura LVIII.
Scissirostrum LXXX.
Scolecophagus LXXIII.
Scoliaptex XCII.
Scolopax XII.
Scops XXI.
Scopus XVI.
Scotornis XC.
Scytalopus LVII.
Scythrops XLVII.
Seisura LXIV.
Senurus LIX.
Sericolophus XXXIV.
Sericornis LIX.
Sericulus LVI.
Serinus LXXV.
Setophaga LXIV.
Sialia LX.
Sibia LV.
Sitagra LXXIX.
Sitta XXXVI.
Sittasomus XXXVI.
Sittella XXXVI.
Siva LXVII.
Smaragditis XL.
Smicrornis LIX.
Somateria VIII.
Spatula IX.
Spermophaga LXXVI.
Spermophila LXXIX.

Sphecotheres LVI.
Spheniscus I.
Sphenoeacus LVIII.
Sphenostoma LXII.
Sphenura LVIII.
Spilocircus XCIII.
Spilornis XCVI.
Spindalis LXXVII.
Spinus LXXV.
Spiza LXXV.
Spizacircus XCIII.
Spizaëtos XCIV.
Spizella LXXV.
Spodesilaura LIII.
Sporagra LXXIX.
Spreo LIII.
Squatarola XVIII.
Stagonopleura LXXV.
Steatornis XC.
Steganura LXXVI.
Steganurus XL.
Stephanophorus
    LXXIX.
Sterna IV.
Sternoenas XXIII.
Stipiturus LVIII.
Strepera LXXI.
Strepsilas XVII.
Strigiceps XCIII.
Strigops LXXXIV.
Strix XCII.
Strobilophaga LXXIX.
Struthidea LXXX.
Struthio XXXII.
Sturnella LXXII.
Sturnopastor LXXII.
Sturnus LXXII.
Suiriria LXV.
Sula VI.
Surnia XCII.

Suthora LXII.
Sycalis LXXVIII.
Sycobius LXXVI.
Sylvia LXI.
Syma XXXIII.
Symplectes LXXVI.
Synallaxis XXXVI.
Synoicus XXVII.
Syrnium XCII.
Syrrhaptes XXVIII.

Tachornis LXXXVII.
Tachybaptus II.
Tachyphonus LXXVII.
Tachyptriorchis XCV.
Tadorna X.
Taenioptera LXIV.
Talegalla XXV.
Tamatia XLV.
Tanagra LXXVII.
Tanagrella LXXVII.
Tantalus XIV.
Tanygnathus LXXXI.
Tanysiptera XXXIII.
Tardivola LXXVI.
Tatarea XXXVII.
Teleonema LXIII.
Thelophonus LXIX.
Temnurus LXXX.
Tephrodornis LXIX.
Thephrospiza LXXV.
Tersa LXXXIX.
Tesia LVII.
Tetraenura LXXVI.
Tetrao XXVIII.
Tetraogallus XXIX.
Textor LXXVI.
Thalassiaëtus XCVI.
Thalassidroma III.
Thalassiornis VII.

Thamnobia LX.
Thamnomanes LXXI.
Thamnophilus LXXI.
Thaumalea XXX.
Thinocorus XXVI.
Thinornis XVII.
Thoracocincla LIII.
Thrasaëtus XCVI.
Thryotorus LVII.
Tiaris LXXVI.
Tichodroma XXXVIII.
Tiga XLII.
Tigrisoma XV.
Tijuca LXXII.
Tiltria LVIII.
Timalia LV.
Tinamotis XXVI.
Tinamus XXVI.
Tinnunculus XCIV.
Tocus XLIX.
Todirostrum XLVIII u.
    LXVII.
Todus XLVIII.
Toenidiura LII.
Totanus XIII.

Trachelotis XXXI.
Trachyphonus XLV.
Treron XXII.
Tribonyx XIX.
Trichoglossus LXXXII.
Triglyphidia LXIII.
Tringa XIII.
Triptorhinus LVII.
Trochalopteron LV.
Troglodytes LVII.
Trogon LXXXVIII.
Tropidorhynchus
    XXXV.
Turacus LXXXVI.
Turdus LIII.
Turnagra LV.
Turnix XXVII.
Turtur XXII.
Tyrannulus LXVI.
Tyrannus LXVI.

Uppucerthia XXXVII.
Upupa XLI.
Uragus LXXIX.
Uria II.

Vanellus XVIII.
Vanga LXXI.
Verrulia XXIII.
Vidua LXXVI.
Vireo LXX.
Volatinia LXXIX.
Vultur XCIX.

Widha LXXIX.

Xanthornus LXXIII.
Xema V.
Xenops XXXVI.
Xerophila LXXIX.
Xipholena LXXXIX.
Xiphorhynchus
    XXXVI.

Yunx XLII.

Zanclostomus XLVII.
Zapornia XX.
Zonaida XXIII.
Zonotrichia LXXV.
Zoothera LVII.
Zosterops LXI.

II. Verzeichniss

der

in L. Reichenbach's Handbuch der speciellen Ornithologie

abgebildeten Vögel.

1—2. Spheniscus minor *Lath.* u. Aptenodytes Pennantii *Gr.* I. Nat.
3. Eudyptes chrysolopha *Brdt.* u. Aptenodytes patagonica *Frst.* I. Nat.
4. Eudyptes chrysoconu *Gm.* u. Aptenodytes patagonica *Frst.* I. Nat.
5. Sphenisc. catarractes *Frst.* u. Sph., Dasyrhamph. Adeliae *H. J.* I. Nat.
6. Spheniscus catarractes *Frst.* u. Sph. antipoda *H. J.* I. Nat.
7. Pygoscelis papua *Frst.* u. Eudyptes palpebrata *Lcht.* I. Nat.
8. Aptenodytes patagonica *Frst.* u. Eudyptes palpebrata *Lcht.* I. Nat.
9—10. Aptenodytes patagonica *Frst.* I. u. Eudyptes undina *Gr.* Ia. Nat.
11. Spheniscus torquata *Lath.* I. u. Sph. demersa *T.* Ia. Nat.
12. Spheniscus demersa *L.* I. u. Ia. Nat.
12ᵇ· Catarractes chrysolopha *Brdt.* Ia. Nat.
13. Sphenisc. demersa *L.* I. u. Eudypt. torquata *Gr.* Apt. torq. *Frst.* Ia. Nat.
13ᵇ· Catarractes chrysolopha *Brdt.* Ia. Nat.
14. Alca impennis *L.* III. u. CCCXLIV. Nat.
14ᵇ· Catarractes chrysolopha *Brdt.* Ia. Nat.
14ᶜ· Catarractes chrysocome *Brdt.* Ia. Nat.
15. Alca impennis *L.* III. u. CCCXLIV. Nat.
16—17. Alca torda *L.* III. Nat. u. Alca impennis *L.* CCCXLIV. Nat.
18—19. Alca torda *L.* III. u. CCCXLIV. Nat.
20—21. Phaleris psittacula *Pall.* III. u. Alca torda *L.* CCCXLIV. Nat.
22. Phaleris tetracula *Pall.* III. u. Alca torda *L.* CCCXLIV. Nat.
23. Chimerina cornuta *Esch.* III. u. Fratercula arctica *B.* CCCXLIV. Nat.
24—25. Phal. cristatella *Pall.* III. u. Fraterc. arctica *B.* CCCXLIV. Nat.
26—27. Lunda cirrhata *Pall.* III. u. Fratercula glacialis *Lch.* CCCXLIV. Nat.
28. Mormon glacialis *Lch.* III. u. Frat. corniculata *Gr.* CCCXLIV. Nat.

29. Mormon arctica *L.* III. Nat. u. Lunda cirrata *Pall.* CCCXLIV. Nat.

30. Mormon corniculata *Nm.* III. u. Lunda cirrata *P.* CCCXLIV. Nat.

31. Synthliborhamphus Wumizusume *T.* IV. u. Lunda cirrata ibid.

32—36. Uria tróile *Bruenn.* IV. Nat.

37—38. Uria Hringvia *Bruenn.* IV. Nat.

39—42. Uria Lomvia *Bruenn.* IV. Nat.

43. Grylle groenlandica *Br.* IV. Nat.

44—46. Grylle groenlandica *Br.* IV. u. Colymbus septentrionalis *L.* V. Nat.

47. Grylle Mandtii *Lcht.* IV. u. Colymbus septentrionalis *L.* V. Nat.

48. Mergulus melanoleuc. *Ray.* IV. u. Colymb. septentrionalis *L.* V. Nat.

49—50. Mergulus melanoleucus *Ray.* IV. u. Colymb. arcticus *L.* V. Nat.

51—52. Colymbus arcticus *L.* V. Nat.

53—56. Colymbus glacialis *L.* V. Nat.

57—63. Podiceps cristatus *L.* VI. Nat.

64—68. Podiceps rubricollis *Lath.* VI. Nat.

69—70. Proctopus kalliparcus *Less.* VI. Nat.

71—73. Proctopus auritus *L.* VI. Nat.

74.

75.

76.

77.

78.

79—84. Podilymbus minor *L.* VI. Nat.

85. Podilymbus minor *L.* VI. u. Mergellus albellus *L.* XXXIX. Nat.

86—87. Mergellus albellus *L.* XXXIX. Nat.

88—89. Mergus cucullatus *L.* XXXIX. Nat.

90—93. Mergus serrator *L.* XXXIX. Nat.

94—95. Mergus Merganser *L.* XXXIX. Nat.

96—98. Clangula glaucion *L.* XL. Nat.

99—102. Clangula islandica *Br.* XL. Nat.

103—104. Clangula angustirostris *Br.* XL. Nat.

105—106. Clangula albeola *L.* XL. Nat.

107—111. Clangula histrionica *L.* XL. Nat.

112—115. Harelda glacialis *L.* XLI. Nat.

116—118. Branta rufina *Pall.* XLI. Nat.

119—123. Fuligula cristata *Ray.* XLI. Nat.

124—126. Nyroca ferina *L.* XLII. Nat.

127. Nyroca Valisneri *Bp.* XLII. Nat.

128—130. Nyroca leucophthalma *Bchst.* XLII. Nat.

131—133. Fuligula marila *L.* XLII. Nat.

134—136. Erismatura leucocephala *Scop.* XLII. Nat.
137—139. Oidemia fusca *L.* XLV. Nat.
    140. Oidemia nigra *L.* americana *Richt.* nigra *Wils.* XLV. Nat.
141—144. Oidemia nigra *L.* XLV. Nat.
145—146. Biziura lobata *Shaw.* XLV. Nat.
147—151. Somateria spectabilis *L.* XLVII. Nat.
152—158. Somateria mollissima *L.* XLVII. Nat.
159—161. Mareca americana *Gm.* LII. Nat.
162—163. Mareca chiloënsis *King.* LII. Nat.
    164. Dafila oxyptera *Mey.* LII. Nat.
165—167. Chaulelasmus Strepera *L.* LII. Nat.
168—170. Mareca penelope *L.* LII. Nat.
171—172. Dendrocygna arcuata *Cuv.* javanica *Hrsf.* LI. Nat.
173—174. Dendrocygna viduata *L.* LI. Nat.
    175. Dendrocygna autumnalis *L.* LI. Nat.
176—177. Pterocyanea discors *L.* LI. Nat.
    178. Pterocyanea coclurata *Lcht.* LI. Nat.
    179. Querquedula Ipecuturi *V.* LI. Nat.
    180. Dafila caesioscapula *Rchb.* LI. Nat.
    181. Pterocyanea maculirostris *Lcht.* LI. Nat.
    182. Querquedula falcata *Pall.* Q. falcaria *Gm.* LI. Nat.
183—185. Pterocyanea circia *L.* LI. Nat.
186—187. Querquedula crecca *L.* LI. Nat.
188—189. Querquedula carolinensis *Gm.* LI. Nat.
190—193. Dendronessa sponsa *L.* LIV. Nat.
194—195. Dendronessa galericulata *L.* LIV. Nat.
196—197. Cairina moschata *L.* LIV. Nat.
    198. Cairina moschata domestica LIV. Nat.
199—202. Anas Boschas *L.* XLVIII. Nat.
    203. Anas moschato ⋊ boschas *R.* XLVIII. Nat.
204—205. Anas fusco ⋊ boschas ? XLVIII. Nat.
206—212. Anas Boschas domestica *L.* XLVIII. Nat.
213—214. Anas Boschas adunca *Gm.* B. curvir. *Pall.* XLVIII. Nat. err. 213/5.
215—218. Spatula clypeata *L.* L. Nat.
219—220. Spatula capensis *Sm.* L. Nat.
221—223. Dafila acuta *L.* L. Nat.
224—226. Anser hyperboreus *L.* LVI. Nat.
    227. Sarkidiornis regia *Mol.* melanotos *Penn.* LVI. Nat.
228—229. Bernicla Brenta *Pall.* LVI. Nat.
230—231. Bernicla leucopsis *Bchst.* LVI. Nat.

232.
233. Bernicla ruficollis *Pall.* LVI. Nat.
234. Bernicla ruficollis *Pall.* LVI. u. Chenalop. jubatus *Spix.* LIX. Nat.
235. Chenalopex jubatus *Spix.* LIX. Nat.
236—237. Chenalopex aegyptiacus *L.* LIX. Nat.
238—239. Anser erythropus *L.* albifrons *Gm.* LIX. Nat.
240—241. Anser segetum *Gm.* LIX. Nat.
242—245. Anser ferus domesticus *L.* LIX. Nat.
246. Anser ferus domestic. *L.* LIX. u. Plectropt. gambensis *L.* LXI. Nat.
247—248. Bernicla canadensis *L.* LXI. Nat.
249—250. Cygnopsis cygnoides *Pall. L.* LXI. Nat.
251. Cygnus atrata *Lath.* plutonia *Shaw.* LXI. Nat.
252. Cygnus Olor *L.* u. C. atrata *Lath.* plutonia *Shaw.* LXI. Nat.
253—254. Cygnus Olor *L.* LXI. Nat.
255. Rhynchops cinerascens *Spix.* XVIII. Nat.
256. Rhynchops brevirostris *Spix.* XVIII. Nat.
257. Phaëtusa magnirostris *Lcht.* XVIII. Nat.
258—260. Sterna caspia *Gm.* XVIII. Nat.
261. Sterna anglica *Mont.* XIX. Nat.
262—264. Sterna cantiaca. *L.* XIX. Nat.
265. Sterna Bergii *Lcht.* XIX. Nat.
266. Sterna cajennensis *L.* XIX. Nat.
267. Sterna affinis *Rpp.* XIX. Nat.
268. Sterna velox *Rpp.* XIX. Nat.
269—273. Sterna hirundo *L.* XIX. Nat.
274—280. Sterna arctica *T.* XX. Nat.
281. Sterna melanogastra *T.* XX. Nat.
282. Sterna melanauchen *T.* XX. Nat.
283—286. Sterna minuta *L.* XX. Nat.
287. Anous stolida *Lath.* XX. Nat.
288. Anous tenuirostris *T.* XX. Nat.
289—291. Larus minutus *L.* XXIII. Nat.
292. Larus melanorhynchus *T.* XXIII. Nat.
293—294. Larus capistratus *T.* XXIII. Nat.
295. Larus leucophthalmus *Lcht.* XXIII. Nat.
296. Larus cucullatus *Lcht.* XXIII. Nat.
297—301. Larus ridibundus *L.* XXIII. Nat.
302—303. Larus atricilla *L.* XXIII. Nat.
304—307. Larus canus *L.* XXVI. Nat.
308—310. Larus fuscus *L.* XXVI. Nat.

311. Larus Audouinii *Payr.* XXVI. Nat.

312—315. Larus argentatus *Brünn.* XXVII. Nat.

316—318. Larus glaucus *L.* XXVII. Nat.

319—323. Lestris parasitica *Boie.* XXVIII. Nat.

324—327. Lestris crepidata *Br.* XXVIII. Nat.

328—329. Lestris pomarina *Meyer.* XXVIII. Nat.

330. Lestris antarctica *Less.* XXVIII. Nat.

331. Lestris catarractes *L.* XXVIII. Nat.

332. Procellaria gigantea *Gm.* XII. Nat.

333—335. Procellaria glacialis *L.* XII. Nat.

336. Procellaria hasitata *Frst.* XII. Nat.

337—338. Procellaria capensis *L.* XII. Nat.

339. Puffinus Lessonii *Garn.* XII. Nat.

340—341. Puffinus aequinoctialis *L.* XII. Nat.

342.

343.

344. Diomedea exulans *L.* XV. Nat.

345. Diomedea brachyura *T.* XV. Nat.

346. Diomedea melanophrys *T.* XV. Nat.

347. Diomedea chlororhynchos *Lath.* XVI. Nat.

348. Diomedea fuliginosa *Gm.* XV. Nat.

349. Phaëthon aethericus *L.* XXX. Nat.

350—351. Phaëthon phoenicurus *Gm.* XXX. Nat.

352—353. Plotus Le Vaillantii *T.* XXXII. Nat.

354—355. Plotus Anhinga *L.* XXXII. Nat.

356—357. Sula bassana *L.* XXIX. Nat.

358. Sula bassana *L.* XXIX. u. Diomedea fuliginosa *Gm.* XV. Nat.

359—360. Sula bassana *L.* XXIX. Nat.

361.

362—365. Graculus Carbo *L.* XXXIII. Nat.

366—368. Graculus Linnaei *Gr.* (cristatus *F.*) XXXIII. Nat.

369. Graculus naevius *Gm.* XXXIII. Nat.

370. Graculus Gaimardi *Garn.* XXXIII. Nat.

371.

372. Fregata Aquila *L.* XXXI. Nat.

373—374. Fregata leucocephala *L.* XXXI. Nat.

375. Fregata Ariel *Gld.* XXXI. Nat.

376—377. Pelecanus Onocrotalus *L.* XXXVI. Nat.

378—379. Pelecanus crispus *Bruch.* XXXVI. Nat.

380—381. Pelecanus conspicillatus *T.* XXXVII. Nat.

382—383. Pelecanus fuscus *L.* XXXVII. Nat.
384—385. Pelecanus rufescens *Gm.* XXXVII. Nat.
386. Pelecanus rufescens *Lath.* XXXVIII. Nat.
387.
388.
389.
390.
391.
392.
393.
394.
395.
396. Tadorna Radjah *Less. Garn.* LIII. Nat.
397. Bernicla antarctica *Gm.* LVII. Nat.
398—399. Anser minutus *N.* brevirostris *Heck.* LX. Nat.
400—401. Rhynchops nigra *L.* XVIII. Nat.
402. Rhynchops orientalis *Rüpp.* XVIII. Nat.
403.
404.
405.
406.
407.
408.
409.
410.
411.
412. Querquedula glocitans *Pall.* LI. Nat.
413. Querquedula falcata *Pall.* Q. falcaria *Gm.* LI. Nat.
414—415. Bernicla canagica *Sew.* Anser pictus *Pall.* LVIII. Nat.
416. Bernicla leucopareia *Brdt.* LVIII. Nat.
417. Phoenicopterus ruber *L.* LXIII. Nat.
418—419. Phoenicopterus antiquorum *T.* LXIII. Nat.
420. Phoenicopterus minor *T.* LXIII. Nat.
421—423. Platalea Leucerodia *L.* LXXXIV. Grall.
424. Platalea melanorhynchos *Rchb.* regia *Gld.* LXXXIV. Grall.
425.
426. Casarca rutila *Pall.* LIII. Nat.
427. Casarca rutila *Pall.* LIII. Nat. u. Grus cinerea *Bchst.* CXXVII. Ras.
428. C. tadornoid. *J. S.* LIII. Nat., Gr. torq. *V.* Antig. *β. Lth.* CXXVII. Ras.
429. idem u. Gr. amer. *L.* struthio *Wgl.* canad. *L.* mex. *Br.* CXXVII. Ras.

430. idem u. Grus leucogeraros *P.* Ard. gigantea *Gm.* CXXVII. Ras.

431. Tad. naevosa *G.* LIII. Nat., Gr. carunc. *Gm.* Ard. phaleris *F.* ibid.

432. Tad. Vulpanser *Fl.* LIII. Nat., Gr. monacha *T.* CXXVII. Ras.

433. Tad. Vulpanser *Fl.* LIII. Nat., Gr. leucauchen *T.* CXXVII. Ras.

434. idem u. Aramus Guarauna *Mrg.* Ard. scolop. *Gm.* Rall. gigas *Lcht.* R. ardeoides *Spx.* Notherodius Guarauna *Wgl.* CXXVII. Ras.

435—436. Tad.Radjah *L.G.* LIII. Nat.,Plat.nudifr.*C.*chlororh.*Dr.*XCV.Grall.

437. Platalea luzoniesis *Sonn.* XCV. Grall.

438. Anastomus lamelliger *T.* XCV. Grall.

439. Anastomus oscitans *Bodd.* pondicerianus *Gm.* typus *T.* XCV. Grall.

440—442. Dromas Ardeola *Pck.* Corr.ital. *Br.?* Erod.amphis.*Slt.* XCV.Grall.

443. Mycteria americana *L.* XCIV. Grall.

444. Mycteria senegalensis *Lath.* ephippiorhynchus *Cuv.* XCIV. Grall.

445. Mycteria australis *Lath.* leucoptera *Wagl.* XCIV. Grall.

446. Leptoptilos capillata *T.* C. javanica *Hrsf.* XCIV. Grall.

447. Leptoptilos Argala *Lath.* C. dubia *Gm.* Marabu *T.* XCIV. Grall.

448. Leptoptilos crumenifera *Cuv.* Argala *T.* XCIV. Grall.

449—450. Ciconia alba *Br.* XCIII. Grall.

451—452. Ciconia Maguari *L.* americana *Br.* Jaburu *Spx.* XCIII. Grall.

453—454. Ciconia nigra *Bchst.* XCIII. Grall.

455. Sphenorhynchus Abdimii *Lcht.* XCIII. Grall.

456. Sphenorhynchus umbellata *Wagl.* XCIII. Grall.

457—458. Ardea Goliath *T.* XCI. Grall.

459—460. Ardea Herodias *L.* XCI. Grall.

461. Ardea cocoi *Lath.* Magnari *Spx.* XCI. Grall.

462—464. Ardea cinerea *L.* XCI. Grall.

465. Ardea sibilatrix *T.* XCI. Grall.

466. Ardea Typhon *T.* XCI. Grall.

467—469. Ardea purpurea *L.* XCI. Grall.

470. Ardea Agami *L.* XCI. Grall.

471. Ardea Agami *L.* LXXXIX. Grall.

472. Ardea Novae Guineae *Lath.* nigerrima *Wagl.* LXXXIX. Grall.

473. Ardea pacifica *Lath.* Bullaragang *Wagl.* LXXXIX. Grall.

474. Ardea bubulcus *Cuv.* LXXXIX. Grall.

475—477. Ardea schistacea *Hmpr. Ehr.* LXXXIX. Grall.

478. Ardea rufescens *L.* LXXXIX. Grall.

479—480. Ardea leucogaster *Lath.* LXXXIX. Grall.

481. Ardea coerulea *Lath.* coerulescens *Wagl.* LXXXIX. Grall.

482—483. Nycticorax europaea *Steph.* LXXXVIII. Grall.

484. Nycticorax Gardeni *Mont.* LXXXVIII. Grall.

485. Nycticorax caledonica *Frst.* LXXXVIII. Grall.

486—487. Nycticorax pileata *Lath.* LXXXVIII. Grall.

488. Nycticorax cajennensis *Buff.* LXXXVIII. Grall.

489—490. Ardea virescens *L.* LXXXVIII. Grall.

491. Ardea scapularis *Ill.* LXXXVIII. Grall.

492. Ardeola russata *Wagl.* bicolor *V.* LXXXVII. Grall.

493—494 a. b. Ardeola ralloides *Scop.* comata *Pall.* LXXXVII. Grall.

495. Ardeola cinnamomea *L.* LXXXVII. Grall.

496—497. Ardea Ardetta *Gr.* minuta *L.* LXXXVII. Grall.

498—499. Ardetta exilis *Lath.* LXXXVII. Grall.

500. Ardeola leucoptera *Bd.* malacc. *Gm.* spec. *Hrsf.* LXXXVII. Grall.

501—502. Botaur. lentig. *Sh.* Mokoho *V.* min. *Wls.* adsp. *Lcht.* LXXXVII. Gr.

503. Tigrisoma tigrina *L.* LXXXVII. Grall.

504—505. Botaurus stellaris *L.* LXXXVII. Grall.

506. Botaurus undulata *L.* philippensis *L.* LXXXVII. Grall.

507. Tigrisoma lineata *L.* Soco *Wagl.* LXXXVII. Grall.

508. Botaurus heliosyla *Less.* LXXXVII. Grall.

509. Tigrisoma Goisagi *T.* LXXXVI. Grall.

510. Botaurus limnicola *T.* LXXXVI. Grall.

511—512. Cancroma cochlearia *L.* LXXXVI. Grall.

513. Scopus umbretta *Br.* LXXXVI. Grall.

514. Tantalus loculator *L.* LXXXVI. Grall.

515. Tantalus plumicollis *Spx.* LXXXVI. Grall.

516. Tantalus Ibis *L.* LXXXV. Grall.

517. Tantalus lacteus *T.* LXXXV. Grall.

518—519. Tantalus leucocephalus *Lath.* LXXXV. Grall.

520. Recurvirostra orientalis *Cuv.* LXVI. Grall.

521.

522. Falcin. ign. *Gm.*, Harpipr. cajenn. *Lcht.* dentir. *Wgl.* LXXIX. Grall.

523. Harpiprion chalcoptera *V.* LXXIX. Grall.

524. Harpiprion plumbea *T.* LXXIX. Grall.

525—526. Harpiprion rubra *L.* LXXIX. Grall.

527. Harpiprion fusca *L.* juv. leucopygos *Spx.* LXXIX. Grall.

528. Cercibis oxycerca. *Spx.* LXXX. Grall.

529. Phimosus nudifrons *Spx.* LXXX. Grall.

530. Phimosus Hagedasch *Lath.* LXXX. Grall.

531—532. Theristicus albicollis *L.* melanopis *Frst.* LXXX. Grall.

533. Geronticus calva *L.* LXXX. Grall.

534. Geronticus papillata *T.* LXXX. Grall.

535.

536. Harpiprion alba *L.* LXXXI. Grall.

537. Threskiornis Leucon *T.* LXXXI. Grall.

538. Harpiprion Nippon *T.* LXXXI. Grall.

539. Numen. arq. *Lth.*LXXVIII., Thresk. aethiop. *Lth.*relig.*C.*LXXXI.Gr.

540. Num.phaeop.*Lth.*LXXVIII.,Thresk.aethiop.*Lth.*relig.*C.*LXXXI.Gr.

541. Numenius phaeopus *Lath.* LXXVIII. Grall.

542. Numenius tenuirostris *V.* LXXVIII. Grall.

543. Numenius virgatus *Cuv.* LXXVIII. Grall.

544. Numenius longirostris *Wils.* LXXVIII. Grall.

545. Numenius borealis *Wils.* LXXVIII. Grall.

546. Numenius brevirostris *T.* LXXVIII. Grall.

547. Rhynchaea madagascariensis *Less.* LXXI. Grall.

548—549. Rhynchaea capensis *L.* LXXI. Grall.

550—551. Rhynchaea hilairea *Val.* LXXI. Grall.

552—553. Scolopax rusticula *L.* LXVIII. Grall.

554. Philohela minor *Gm.* LXVIII. Grall.

555. Telmatias maior *L.* LXVIII. Grall.

556. Telmatias Brehmii *Kaup.* LXVIII. Grall.

557. Telmatias Sabinii *Vig.* LXVIII. Grall.

558—559. Telmatias gallinago *L.* LXIX. Grall.

560—561. Limnocryptis gallinula *L.* LXIX. Grall.

562. Telmatias frenata Ill. paludosa *Gm.* LXIX. Grall.

563. Telmatias grisca *Flem.* leucophoea *V.* LXIX. Grall.

564. Telmatias gigantea *T.* LXIX. Grall.

565—566. Limosa rufa *Br.* LXXVI. Grall.

567—568. Limosa Meyeri *Leisl.* LXXVI. Grall.

569—571. Limosa melanura *Leisl.* LXXVI. Grall.

572. Limosa Fedoa *V.* LXXVI. Grall.

573. Limosa adspersa *Lcht.* LXXVI. Grall.

574—575. Totanus glottis *Bchst.* LXXV. Grall.

576—577. Totanus fuscus *Leisl.* LXXV. Grall.

578—579. Totanus stagnatilis *Bchst.* LXXV. Grall.

580—581. Totanus Calidris *Bchst.* LXXV. Grall.

582. Totanus flavipes *V.* LXXV. Grall.

583. Totanus melanoleucus *V.* Scol. vociferus *Wils.* LXXV. Grall.

584. Totanus solitarius *Wils.* chloropygius *V.* LXXIV. Grall.

585—586. Totanus ochropus *Gm.* LXXIV. Grall.

587—588. Totanus glareolus *L.* LXXIV. Grall.

589. Catoptrophorus semipalmatus *Gm.* LXXIV. Grall.

590. Actiturus Bartraminus *Wils.* LXXIV. Grall.

591. Actiturus macularius *Gm.* LXXIV. Grall.
592. Actitis macroptera *Spx.* LXXIV. Grall.
593. Actitis hypoleuca *L.* LXXIV. Grall.
594—595. Heteropoda semipalmata *Wls.* Tringa brevir. *Spx.* LXXIV. Grall.
596—604. Tringa Philomachus *Möhr.* pugnax *L.* LXXII. Grall.
605—607. Calidris arenaria *L.* LXXII. Grall.
608—609. Limnicola pygmaea *Lath.* LXXII. Grall.
610. Tringa leucoptera *Gm.* LXXIII. Grall.
611—612. Tringa Canutus *L.* LXXIII. Grall.
613. Tringa australis *Jard.* LXXIII. Grall.
614. Tringa pusilla *Wils.* LXXIII. Grall.
615—617. Tringa minuta *Leisl.* LXXIII. Grall.
618—620. Tringa subarquata *Gm.* LXXIII. Grall.
621—623. Tringa maritima *Brün.* LXXIII. Grall.
624—626. Tringa melanotus *V.* dorsalis *Lcht.* cincl. *L.* alp. *L.* LXXIII. Grall.
627—629. Tringa Schinzii *Br.* LXXIII. Grall.
630—632. Tringa Temminckii *Leisl.* LXXIII. Grall.
633. Tringa albescens *T.* LXXIII. Grall.
634.
635—636. Threskiornis melanocephala *Stph.* LXXXII. Grall.
637. Bostrychia cristata *Lath.* LXXXIII. Grall.
638—640. Himantopus rufipes *Bchst.* XCVII. Grall.
641. Himantopus nigricollis *V.* XCVII. Grall.
642—643. Himantopus leucocephalus *Gd.* XCVII. Grall.
644. Phalaropus incanus *J. S.* LXVII. Grall.
645. Phalaropus frenatus *V.*, Wilsonii *Sab.* LXVII. Grall.
646—649. Lobipes hyperboreus *L.*, angustirostris *Naum.* LXVII. Grall.
650—652. Phalaropus fulicarius *L.*, platyrhinchus *T.* LXVII. Grall.
653—654. Eurynorhynch. pygm. *L.* LXVII., Haemaetop. ostral. *L.* XCVI. Gr.
655. Hemipalama multistr. *Lch.*, Tr. Dougl. *Sw.* LXVII. und idem.
656. Tringa pectoralis *Say.* LXVII. u. Haem. palliatus *T.* XCVI. Grall.
657. Tr. rufescens *V.* LXVII., Erol. pygm. *L.*, var. *V.* Falc. cursor. *T.* ibid.
658. Anarhynchus albifrons *Q. G.* CIV. Grall.
659—660. Strepsilas interpres *L.* CIV. Grall.
661. Oedicnemus T. maculosus *T.* affinis *Rpp.* CIV. Grall.
662—663. Oedicnemus crepitans *T.* CIV. Grall.
664. Oedicnemus columboides *Lchst.* CIV. Grall.
665. Oedicnemus longipes *Geoffr.* CIV. Grall.
666. Burhinus magnirostris *Lath.* CIV. Grall.
667—671. Vanellus cristatus *Mey.* CI. Grall.

22

672. Vanellus Reptuschka *Lep.* gregarius *Pall.* CI. Grall.
673—675. Squatarola helvetica *L.* Van. melanogaster *Bchst.* CI. Grall.
676. Squatarola Villotaei *Savg.* leucurus *Lcht.* CI. Grall.
677. Squatarola cincta *Less.* CI. Grall.
678—680. Hoplopterus cajennensis *L. Gm.* lampronotus *Wagl.* CI. Grall.
681. Hoplopterus goënsis *Lath.* CI. Grall.
682—683. Lobivanellus senegalensis *Sh.* albicap. *V.* strigilatus *Sw.* C. Grall.
684. Lobivanellus lateralis *Sm.* C. Grall.
685. Lobivanellus lobatus *Lath.* gallinaceus *T.* callaeas *Wgl.* C. Grall.
686. Lobivanellus cucullatus *T.* C. Grall.
687—690. Charadrius pluvialis *L.* C. Grall.
691—692. Charadrius marmoratus *Wgl.* C. Grall.
693. Charadrius xanthocheilus *Wgl.* C. Grall.
694—696. Eudromias morinellus *L.* C. Grall.
697—698. Hoplopterus spinosus *L.* melasomus *Sws.* XCIX. Grall.
699. Hoplopterus melasomus cristatus *Shaw.* XCIX. Grall.
700. Hoplopterus armatus *Burch.* XCIX. Grall.
701. Hoplopterus cajanus *Lath.* XCIX. Grall.
702. Hoplopterus pileatus *L.* XCIX. Grall.
703. Lobivanellus bilobus *L.* XCIX. Grall.
704. Aegialitis coronatus *L.* XCIX. Grall.
705. Aegialitis melanopterus *Rpp.* XCIX. Grall.
706. Aegialitis pecuarius *T.* XCIX. Grall.
707—708. Aegialitis nigrifrons *Cuv.* melanops *V.* XCVIII. Grall.
709. Aegialitis zonatus *Sw.* XCVIII. Grall.
710—711. Charadrius Aegialitis hiaticula *L.* XCVIII. Grall.
712—713. Aegialitis bicinctus *Jard.* XCVIII. Grall.
714—719. Aegialitis minor *M. W.* XCVIII. Grall.
720. Aegialitis monachus *Geoffr.* cucullatus *V.* XCVIII. Grall.
721a. b. Aegialitis semipalmatus *Kp.* XCVIII. Grall.
722. Aegialitis Okenii *Wagl.* XCVIII. Grall.
723. Aegialitis Wilsonius *Bp.* XCVIII. Grall.
724. Aegialitis bitorquatus *Lcht.* XCVIII. Grall.
725—726. Aegialitis vociferus *Wils.* XCVIII. Grall.
727. Aegialitis Azarae *T.* XCVIII. Grall.
728—729. Aegialitis cantianus *Lath.* XCVIII. Grall.
730—731. Aegialitis ruficapillus *T.* XCVIII. Grall.
732—735. Spheniscus minor Lath. II. Nat.
736. Spheniscus magellanica *Forst.* II. Nat.
737. Spheniscus antarctica *Forst.* II. Nat.

738. Pygoscelis papua *Forst.* II. Nat.
739.
740—741. Podiceps leucopterus *King.* VII. Nat.
742—744. Proctopus arcticus *Boie.* VII. Nat.
745—747. Proctopus cornutus *Lath.* VII. Nat.
748. Proctopus dominicus *L.* VIII. Nat.
749. Proctopus rufopectus *Gr.* VIII. Nat.
750. Proctopus chilensis *Garn.* VIII. Nat.
751—752. Proctopus Rollandi *Q. G.* VIII. Nat.
753. Proctopus poliocephalus *Jard. Selb.* VIII. Nat.
754—755. Proctopus poliocephalus *J. S.*, Nestor *Gld.* VIII. Nat.
756—757. Podilymbus carolinensis *Lath.* VIII. Nat.
758—759. Podilymbus gularis *Gld.* VIII. Nat.
760. Podilymbus anisodactylus *R.* VIII. Nat.
761. Halodroma Garnotii *Less.* IX. Nat.
762—763. Halodroma urinatrix *Gm.* IX. Nat.
764. Halodroma Berardi *Q. G.* IX. Nat.
765—766. Puffinus Anglorum *Ray.* IX. Nat.
767. Puffinus leucomelas *T.* IX. Nat.
768—769. Puffinus cinereus *Gm.* IX. Nat.
770. Puffinus major *Fab.* IX. Nat.
771—772. Prion vittata *Gm.* X. Nat.
773—775. Prion turtur *Sol.* X. Nat.
776. Prion Banksii *Sm.* X. Nat.
777. Prion Forsteri *Steph.* X. Nat.
778. Thalassidroma melitensis *Schembri* XI. Nat.
779—780. Thalassidroma pelagica *L.* XI. Nat.
781—782. Thalassidroma Leachii *T.* XI. Nat.
783. Thalassidroma oceanica *Kuhl.* XI. Nat.
784. Thalassidroma marina *Forst.* XI. Nat.
785. Thalassidroma furcata *Gm.* XI. Nat.
786. Procellaria macroptera *Sm.* XIII. Nat.
787. Procellaria Bulweri *J. S.* XIII. Nat.
788. Procellaria coerulea *Gm.* XIII. Nat.
789. Procellaria glacialoides *Sm.* XIII. Nat.
790. Procellaria antarctica *Gr.* XIV. Nat.
791—792. Procellaria nivea *Gr.* XIV. Nat.
793. Procellaria Cookii *Gr.* XIV. Nat.
794—795. Diomedea chlororhynchos *Lath.* XVI. Nat.
796. Diomedea culminata *Gld.* XVI. Nat.

797—798. Diomedea melanophrys *T.* XVI. Nat.

799—800. Diomedea cauta *Gld.* XVII. Nat.

801—802. Diomedea spadicea *Gm.* XVII. Nat.

803—806. Hydrochelidon leucoptera *T.* XX. Nat.

807—810. Hydrochelidon nigra *L.* XX. Nat.

811. Anous Inca *Less.* XX. Nat.

812—815. Hydrochelidon leucopareia *Natt.* hybrida *Pall.* XXI. Nat.

816. Sterna albigena *Hempr.* XXI. Nat.

817. Sterna albostriata *Gr.* XXI. Nat.

818—819. Gygis alba *Sparm.* XXI. Nat.

820—821. Sterna Nereis *Gld.* XXI. Nat.

822. Sterna cristata *Sw.* XXII. Nat.

823. Sterna galericulata *Lcht.* XXII. Nat.

824—825. Sterna paradisea *Br.*, Dougalli *M.* XXII., Rissa trid. *L.* XXIII. Nat.

826. Sterna aranea *Wils.* XXII. u. Rissa tridactylus *L.* XXIII. Nat.

827. Sterna aranea *Wils.* XXII. u. Larus leucopterus *Fab.* XXVI. Nat.

828. Sterna fuliginosa *Lath.* XXII. u. Larus leucopt. *Fab.* XXVI. Nat.

829. Sterna Gouldii *Rchb.* XXII. u. Larus leucopterus *Fab.* XXVI. Nat.

830. Larus melanurus *T.* XXVII. Nat.

831—833. Larus marinus *L.* XXVII. Nat.

834. Larus Lambruschini *Bp.* XXIV. Nat.

835. Larus ichthyaëtus *Pall.* XXIV. Nat.

836. Larus Bonapartii *Richds.* XXIV. Nat.

837. Xema Sabini *Leach.* XXIV. Nat.

838. Larus poliocephalus *Sw.* XXIV. Nat.

839. Larus Franklinii *Richds.* XXIV. Nat.

840—842. Larus melanocephalus *Natt.* XXV. Nat.

843. Rhodostethia rosea *Macq.* XXV. Nat.

844—845. Pagophila eburnea *L.* XXV. Nat.

846. Larus D'Orbigni *Savg.* XXV. Nat.

847. Larus haematorhynchus *Vig.* XXV. Nat.

848. Lestris parasitica Boie. Richardsonii *Swains.* XXV. Nat.

849. Lestris catarractes *L.* XXVIII. Nat.

850. Sula fusca *V.* XXIX. Nat.

851. Sula brasiliensis *Spx.* XXIX. Nat.

852. Sula parva *L.* XXIX. u. Phaëthon flavirostris *Br.* XXX. Nat.

853. Phaëthon flavirostris *Br.* XXX. u. Sula piscator *L.* XXIX. Nat.

854. Phaëthon flavirostris *Br.* XXX. Nat.

855.

856—859. Graculus pygmaeus *Pall.* XXXII. Nat.

860. Graculus cristatus *T.* XXXIV. Nat.
861—862. Graculus dilophus *V.* XXXIV. Nat.
863—864. Graculus capensis *Sparm.* XXXIV. Nat.
865—866. Graculus lucidus *Lcht.* XXXIV. Nat.
867. Graculus africanus *Gm.* XXXIV. Nat.
868. Graculus longicaudus *Swns.* XXXIV. Nat.
869—870. Graculus javanicus *Hrsf.* XXXIV. Nat.
871. Graculus punctatus *Gm.* XXXV. Nat.
872—873. Graculus melanoleucus *V.* XXXV. Nat.
874. Graculus varius *Gm.* hypoleucus *Gld.* XXXV. Nat.
875—876. Graculus leucogaster *Gld.* XXXV. Nat.
877. Pelecanus philippensis *Gm.* XXXVI. Nat.
878. Pelecanus rufescens *Gm.* XXXVII. Nat.
879—880. Pelecanus mitratus *Lcht.* XXXVIII. Nat.
881—882. Grac. brasil. *Gm.* XXXIII., Pel. trachyrh. *Lcht.* XXXVIII. Nat.
883. Larus dominicanus *Lcht.* XXVI. Nat.
884.
885. Clangula histrionica *L.* XL. Nat.
886. Fuligula collaris *Donov.* XLI. Nat.
887—888. Erismatura rubida *Wils.* XLII. Nat.
889. Fuligula mariloides *Rich.* XLIII. Nat.
890. Fuligula Novae Zealandiae *Gm.* XLIII. Nat.
891. Nesonetta auclandica *Gr.* XLIII. Nat.
892. Nyroca ferina americana *Bp.* XLIII. Nat.
893. Hymenolaimus malacorhinchus *Gm.* XLIII. Nat.
894. Micropterus cinerea *Gm.* XLIII. Nat.
895—896. Camptolaimus labradorus *Gm.* XLIII. Nat.
897. Merganetta armata *Gld.* XLIV. Nat.
898. Erismatura ferruginea *Eyt.* XLIV. Nat.
899. Erismatura africana XLIV. Nat.
900—901. Erismatura dominica *L.* spinosa *Gm.* XLIV. Nat.
902—903. Erismatura australis *Gld.* XLIV. Nat.
904. Biziura lopata *Shaw.* XLV. Nat.
905—907. Pelionetta perspicillata *L.* XLVI. Nat.
908—910. Eniconetta Stelleri *Pall.* dispar. *Sprm.* XLVI. Nat.
911. Anas sparsa *Sm.* leucostigma *Rpp.* XLIX. Nat.
912. Anas chlorotis *Gr.* XLIX. Nat.
913—914. Anas superciliosa *Gm.* leucophrys *Frst.* XLIX. Nat.
915—916. Anas punctata *Burch.* XLIX. Nat.
917. Anas xanthorhyncha *Frst.* flavirostris *Sm.* XLIX. Nat.

918. Anas obscura *Gm.* XLIX. Nat.

919. Anas caryophyllacea *Lath.* XLIX. Nat.

920—921. Dafila oxyura *Lcht. L.* Nat.

922. Poecilonetta bahamensis *L. L.* Nat.

923. Dafila pyrrhogastra *Mey. L.* Nat.

924—925. Malacorhynchus membranacea *Lath.* fasciata *Shaw. L.* Nat.

926.

927.

928.

929.

930. Cairina moschata domestica LIV. Nat.

931—932. Nettapus auritus *Bd.* Anas madagascariensis *Gm.* LV. Nat.

933—935. Nettapus coromandelianus *Gm.* LV. Nat.

936. Nettapus coromandelianus albipennis *Gld.* LV. Nat.

937. Podiceps australis *Gld.* VII., Nettap. corom. albip. *Gld.* LV. Nat.

938—939. Nettapus pulchellus *Gld.* LV. Nat.

940—941. Cereopsis Novae Hollandiae *Lath.* LV. Nat.

942—943. Chenalopex africanus *Bonn.* LVII. Nat.

944—945. Bernicla jubata *Lath.* LVII. Nat.

946—947. Bernicla inornata *King.* LVII. Nat.

948. Bernicla antarctica *Gm.* LVII. Nat.

949. Bernicla magellanica *Gm.* LVII. Nat.

950. Anseranus melanoleuca *Lath.* semipalmata *Lath.* LVIII. Nat.

951—952. Bernicla indica *Gm.* LVIII. Nat.

953. Bernicla melanoptera *Eyt.* LVIII. Nat.

954. Bernicla leucopareia *Brdt.* LVIII. Nat.

955—957. Anser ferus *Gesn.* cinereus *Meyer.* LX. Nat.

958. Anser Bruchii *Br.* medius *P.* intermedius *Naum.* LX. Nat.

959—960. Anser arvensis *Br.* LX. Nat.

961. Anser minutus *N.* brevir. *H.* LX., Cygn. ferus *R.* mus.*B.* LXI. Nat.

962. Cygnus ferus *Ray.* musicus *Bchst.* LXI. Nat.

963—964. Cygnus minor *Pall.* Bewickii *Yar.* islandicus *Br.* LXII. Nat.

965. Cygnus immutabilis *Yarr.* LXII. Nat.

966. Cygnus coscoroba *Mol.* anatoides *King.* LXII. Nat.

967. Cygn. nigricollis *Gm.* melanocor. *M.* melanoceph. *Gm.* LXII. Nat.

968. Phoenicopterus antiquorum *T.* LXIII. Nat.

969—970. Spheniscus Humboldtii *Mey.* LXIV. Nat.

971. Larus cirrocephalus *V.* LXIV. Nat.

972. Larus pygmaeus *B. St. Vinc.* LXIV. Nat.

973—974. Larus melanotis *Rchb.* nigrotis *Less.* LXIV. Nat.

975. Rhynchops albicollis *Sw.* LXIV. Nat.
976. Sterna fuliginosa *Lath.?* juv. LXV. Nat.
977. Graculus sinensis *Shaw.* LXV. Nat.
978. Graculus gracilis *Mey.* LXV. Nat.
979. Anas sparsa *Sm.* leucostigma *Rpp.* LXV. (XLIX.) Nat.
980. Spatula rhynchotis *Lath.* LXV. Nat.
981—982. Querquedula Novae Hispaniae *Gm.* mexicana *Br.* LXV. Nat.
983. Cygnopsis cygnoides *L.* hybridus LXV. Nat.
984. Plectropterus gambensis *L.* LXV. Nat.
985—987. Recurvirostra Avocetta *L.* LXVI. Grall.
988. Recurvirostra Avocetta fissipes *Br.* LXVI. Grall.
989—990. Recurvirostra rubricollis *T.* Novae Hollandiae *V.* LXVI. Grall.
991. Recurvirostra americana *Wils.* LXVI. Grall.
992. Phalaropus incanus *Jard. Selb.* LXVII. Grall.
993—994. Phalaropus frenatus *V.* Wilsonii *Sab.* LXVII. Grall.
995—996. Telmatias hiemalis *Eversm.* LXX. Grall.
997. Telmatias auclandica *Gr.* LXX. Grall.
998. Telmatias Stricklandii *Gr.* LXX. Grall.
999—1000. Rhynchaea australis *Gld.* LXX. Grall.
1001—1003. Totanus glottoides *Gld.* LXXVII. Grall.
1004.   LXXVII. Grall.
1005. Catoptrophorus semipalmatus *Gm.* LXXVII. Grall.
1006. Numenius borealis *Wils.* LXXVII. Grall.
1007—1008. Threskiornis strictipennis *Gld.* LXXXII. Grall.
1009—1010. Geronticus spinicollis *James.* LXXXII. Grall.
1011. Bostrychia carunculata *Rpp.* LXXXIII. Grall.
1012. Falcinellus Guarauna *Lcht.* LXXXIII. Grall.
1013—1014. Falcinellus igneus *Gm.* LXXXIII. Grall.
1015—1016. Apteryx australis *Shaw.* LXXXIII. Grall.
1017. Platalea flavipes *Gld.* LXXXIV. Grall.
1018—1019. Platalea melanorhynchos *Rchb.* regia *Gld.* LXXXIV. Grall.
1020. Platalea Leucerodia *L.* LXXXIV. Grall.
1021. Ardea brag *Geoffr.* XC. Grall.
1022—1023. Ardea cyanopus *Gm.* artricollis *Wagl.* XC. Grall.
1024. Ardeola gutturalis *Sm.* XC. Grall.
1025. Ard. leucoptera *Bdd.* malacc. *Gm.* spec. *Hrsf.* LXXXVII. Grall.
1026—1027. Ardea Agami *L.* LXXXIX. Grall.
1028—1029. Herodias alba *Gm.* candida *Br.* Egretta *Mey.* XCII. Grall.
1030. Herodias Egretta *Lath.* leuce *Ill.* XCII. Grall.
1031—1032. Her. candidiss. *Jcq.* niv. *Lth.* xanthodact. et alb. *T.* XCII. Grall.

1033—1035. Her. garzetta *Gm.* xanthodact. *Gm.* juv. niv. *Gm.* XCII. Grall.

    1036.

    1037.

    1038.

    1039.

    1040.

    1041.

    1042.

    1043. Haemaetopus unicolor *Forst.* XCVI. Grall.

    1044. Ibidorhyncha Struthersii *Gld.* XCVI. Grall.

1045—1046. Himantopus Novae Zelandiae *Gd.* XCVII. Grall.

    1047. Xyphidiorhynchus pectoralis *Gr.*, Leptorhynchus *Dub.*, Clado-
rhynchus *Gr.*, Himant. palmatus *Gd.* XCVII. Grall.

1048—1049. Vanellus Reptuschka *Lep.* gregarius *Pall.* CII. Grall.

    1050. Hoplopterus goënsis *Lath.* CII. Grall.

1051—1052. Sarciophorus tricolor *V.* pectoralis *Cuv.* CII. Grall.

    1053. Thinornis Rossii *Gr.* CII. Grall.

    1054. Thinornis Novae Zelandiae *Gr.* CII. Grall.

1055—1056. Lobivanellus personatus *Gld.* CIII. Grall.

1057—1058. Lobivanellus lobatus *Lth.* gallinac. *T.* callaeas *Wgl.* CIII. Grall.

1059—1060. Erythrogonys cinctus *Gld.* CIII. Grall.

    1061. Aegialitis Geoffroyi *Wagl.* CV. Grall.

    1062. Aegialitis hiaticula *Geoffr.* CV. Grall.

    1063. Aegialitis pecuarius Kittlitzii CV. Grall.

    1064. Aegialitis caspius *Pall.* CV. Grall.

1065—1067. Eudromias australis *Gld.* CV. Grall.

    1068. Charadrius obscurus *L.* CV. Grall.

    1069. Oedicnemus crassirostris *Spx.* CV. Grall.

    1070. Oedicnemus vocifer *l'Hermin.* CV. Grall.

    1071. Esacus recurvirostris *Gr.* CV. Grall.

    1072. Strepsilas interpres *L.* CIV. Grall.

    1073. Ardeola Veranii *Roux.* XCV. Grall.

1074—1075. Proctopus kallipareus *Less.* CVI. Nat.

    1076. Proctopus dominicus *L.* CVI. Nat.

    1077. Larus australis *Rchb.* CVI. Nat.

    1078. Graculus tenuirostris *T.* CVI. Nat.

    1079. Merganetta colombiana *Des Ms.* CVI. Nat.

    1080. Plectropterus gambensis *L.* CVI. Nat.

    1081. Anas poecilorhyncha *Penn.* CVI. Nat.

1082—1087. Fulica atra *L.* CVII. Ras.

1088—1089. Fulica americana *Gm*. CVII. Ras.
1090—1091. Fulica cristata *Gm*. CVII. Ras.
1092—1093. Porphyrio veterum *Gm*. CVIII. Ras.
1094—1095. Porph. madagascar. *Lth.* smaragnot. *T.* chlorynot. *V.* CVIII. Ras.
1096—1097. Porphyrio martinicus *L*. CVIII. Ras.
1098—1099. Porphyrio poliocephalus *Lth.* pulverulentus *T.* CVIII. Ras.
1100. Porphyrio melanotus *T.* cyanocephalus *V.* CIX. Ras.
1101. Porphyrio martinicus Wilsonii CIX. Ras.
1102. Porphyrio smaragdinus *T.* CIX. Ras.
1103. Porphyrio bellus *Gld.* CIX. Ras.
1104. Porphyrio Alleni *Thom.* CIX. Ras.
1105—1109. Gallinula chloropus *L*. CX. Ras.
1110—1111. Gallinula galeata *Max. N. W.* CX. Ras.
1112. Gallinula olivacea *Mcy.* CX. Ras.
1113. Gallinula nigra *Lth.* flavirostris *Sw.* CX. Ras.
1114—1115. Gall. flavirostr. *Gm.* parva *Bd.* cayana *Lss.* simpl. *Gd.* P. parv. *Gr.* CX. Ras.
1116—1117. Gall. phoenicura *Penn.* javanica *Hrsf.* erythrura *Bchst.* CX. Ras.
1118—1120. Parra japana *L*. CXI. Ras.
1121. Parra africana *Sws.* CXI. Ras.
1122. Parra capensis *Sm.* africana *Sws.* jun. CXI. Ras.
1123. Parra albinucha *Geoffr.* CXI. Ras.
1124—1125. Metopidius aeneus *Cuv.* superciliosa *Hrsf.* CXI. Ras.
1126—1129. Hydralector cristatus *V.* gallinacea *T.* CXII. Ras.
1130—1132. Hydrophasianus sinensis *Gm.* CXII. Ras.
1133. Chauna Derbyana *Gr.* CXIII. Ras.
1134—1135. Chauna Chavaria *L*. CXIII. Ras.
1136—1137. Palamedea cornuta *L*. CXIII. Ras.
1138. Gallinula orientalis *Hrsf.* CXIII. Ras.
1139—1140. Heliorn. fulicar. *Bn.* Plot. surin. *Gm.* Podoa surin. *I.* CXIV. Ras.
1141—1142. Podica senegalens. *V.* CXIV. Ras.
1143—1145. Rallus aquaticus *L*. CXV. Ras.
1146—1147. Rallus virginianus *L*. CXV. Ras.
1148—1149. Rallus crepitans *L*. CXV. Ras.
1150—1151. Rallus longirostris *L*. CXVI. Ras.
1152—1157. Crex pratensis *Bchst.* CXVI. Ras.
1158. Crex minuta *L*. CXVI. Ras.
1159—1160. Porzana maruetta *Br.* CXVII. Ras.
1161—1162. Porzana porzana *L*. fluminea *Gld.* CXVII. Ras.
1163. Porzana notata *Gld.* CXVII. Ras.
1164—1165. Porzana palustris *Gld.* CXVII. Ras.

1166—1167. Porzana jamaicensis *L.* CXVII. Ras.
1168—1170. Porzana carolina *L.* CXVIII. Ras.
1171—1172. Porzana mustelina *Lcht.* CXVIII. Ras.
1173—1174. Porzana philippensis *L.* CXVIII. Ras.
1175. Porzana variegata *L.* CXVIII. Ras.
1176—1178. Zapornia pusilla *L.* CXIX. Ras.
1179—1182. Zapornia pygmaea *Pall.* CXIX. Ras.
1183. Zapornia Baillonii *V.* spilonota *Gld.* CXIX. Ras.
1184—1185. Zapornia sandwichensis *L.* CXIX. Ras.
1186. Rallina euryzona *T.* ruficeps *Cuv.* CXX. Ras.
1187. Rallina rubiginosa *T.* CXX. Ras.
1188—1189. Rallina exilis *T.* CXX. Ras.
1190. Rallina? ocellata (Ortygis) *Mey.* CXX. Ras.
1191—1192. Rallina lateralis *Lcht.* CXX. Ras.
1193. Rallina abyssinica *Rpp.* CXXI. Ras.
1194—1195. Rallina fusca *Gm.* CXXI. Ras.
1196—1197. Rallina castanea *Less.* CXXI. Ras.
1198—1199. Rallina cajennensis *Gm.* CXXI. Ras.
1200. Rallina Mangle *Spix.* CXXII. Ras.
1201. Rallina caesia *Spix.* CXXII. Ras.
1202. Fulica cajennensis *L.* Rallina gigas *Sp.* CXXII. Ras.
1203. Rallina Sarracura *Spix.* CXXII. Ras.
1204—1205. Rallina ruficeps *Spix.* CXXII. Ras.
1206—1207. Rallina maxima *V.* CXXII. Ras.
1208. Ocydromus Dieffenbachii *Gr.* CXXIII. Ras.
1209—1210. Ocydromus australis *Sparm.* CXXIII. Ras.
1211—1212. Eulabeornis castaneoventris *Gld.* CXXIII. Ras.
1213.
1214. Eulabeornis castaneoventris *Gld.* CXXIII. Ras.
1215. Rallina gularis *Cuv.* CXXIV. Ras.
1216. Ocydromus celebensis *Q. G.* CXXIV. Ras.
1217—1218. Ocydromus torquatus *L.* CXXIV. Ras.
1219—1220. Eurypygia Helias *V.* CXXIV. Ras.
1221. Corethrura elegans *Sm.* CXXV. Ras.
1222—1223. Corethrura dimidiata *Sm.* CXXV. Ras.
1224. Corethrura Jardinii *Sm.* CXXV. Ras.
1225—1226. Psophia crepitans *L.* CXXVI. Ras.
1227. Psophia viridis *Spix.* CXXVI. Ras. ˙
1228—1229. Psophia leucoptera *Spix.* CXXVI. Ras.
1230—1233. Grus cinerea *Bchst.* CXXVIII. Ras.

1234—1236. Balearica pavonina *L.* CXXVIII. Ras.

1237. Scops virgo *L.* Grus numidica *Brs.* Anthropoid. *V.* CXXIX. Ras.

1238. Scops parad. *Lt.* Anth. Stanleyan. *Vg.* Gr. capens. *Ls.* CXXIX. Ras.

1239. Grus torquata *V.*, Antigone β *Lath.* CXXIX. Ras.

1240. Grus Antigone *L.* orientalis *Frankl.* CXXIX. Ras.

1241—1242. Palumbus torquatus *Aldrov.* CXXX. Ras Col.

1243. Columba albitorques *Rüpp.* CXXX. Ras. Col.

1244. CXXX. Ras. Col.

1245—1246. Columba livia *Br.* CXXX. Ras. Col.

1247. Columba oenas *L.* CXXXI. Ras. Col.

1248. Columba affinis *Blyth.* CXXXI. Ras. Col.

1249. Columba intermedia *Strickl.* CXXXI. Ras. Col.

1250. Stictoenas trigonigera *Wagl.* CXXXI. Ras. Col.

1251—1252. Stictoenas arquatrix *T.* CXXXI. Ras. Col.

1253—1254. Lepidoenas speciosa *L.* CXXXII. Ras. Col.

1255. Chloroenas fasciata *Say.* CXXXII. Ras. Col.

1256. Chloroenas denisea *T.* CXXXII. Ras. Col.

1257—1258. Patagioenas leucocephala *L.* CXXXII. Ras. Col.

1259. Phapitreron leucotis *T.* CXXXIII. Ras. Col.

1260. Turtur picturatus *T.* CXXXIII. Ras. Col.

1261. Janthoenas Kittlitzii *T.* CXXXIII. Ras. Col.

1262. Chloroenas plumbea *V.* CXXXIII. Ras. Col.

1263—1264. Trocaza laurivora *Berth.* CXXXIV. Ras. Col.

1265. Phlegoenas cruenta *Gm.* CXXXIV. Ras. Col.

1266. Columba leuconota *Vig.* CXXXIV. Ras. Col.

1267. Oreopeleia coerulea *T.* CXXXIV. Ras. Col.

1268. Crossophthalmus Reichenbachii *Bp.* CXXXV. Ras. Col.

1269. Pampusana Rousseau *T.* CXXXV. Ras. Col.

1270. Pampusana xanthura *Cuv.* CXXXV. Ras. Col.

1271. CXXXV. Ras. Col.

1272. Ducula cineracea *T.* CXXXVI. Ras. Col.

1273. Ducula lacernulata *T.* CXXXVI. Ras. Col.

1274. Ducula badia *Raffl.* CXXXVI. Ras. Col.

1275. Ducula rosacea *T.* CXXXVI. Ras. Col.

1276—1277. Myristicivora luctuosa *Reinw.* CXXXVII. Ras. Col.

1278—1279. Myristicivora bicolor *Scop.* CXXXVII. Ras. Col.

1280—1282. Leucomelaina norfolciens. *Bp.*, M. norf. *Lth.* CXXXVII. Ras. Col.

1283—1284. Globicera oceanica *Less.* CXXXVIII. Ras. Col.

1285. Globicera pacifica *Gm.* CXXXVIII. Ras. Col.

1286. Hemiphaga spadicea *Lath.* CXXXVIII. Ras. Col.

1287. Zonoenas radiata *Q. G.* CXXXVIII. Ras. Col.
1288. Janthoenas vitiensis *Q. G.* CXXXIX. Ras. Col.
1289. Janthoenas janthina *T.* CXXXIX. Ras. Col.
1290. Janthoenas metallica *T.* CXXXIX. Ras. Col.
1291—1292. Carpophaga perspicillata *T.* CXXXIX. Ras. Col.
1293. Zonoenas Mülleri *T.* CXL. Ras. Col.
1294. Zonoenas pinon *Q. G.* CXL. Ras. Col.
1295. Hemiphaga Zoeae *Less.* CXL. Ras. Col.
1296. Hemiphaga rufigastra *Q. G.* CXL. Ras. Col.
1297. Laryngogramma gularis *Q. G.* CXLI. Ras. Col.
1298. Zonoenas poliocephala *Gr.* CXLI. Ras. Col.
1299—1300. Megaloprepia magnifica *T.* CXLI. Ras. Col.
1301. Funingus madagascariensis *L.* CXLII. Ras. Col.
1302. Alectroenas nitidissima *Scop.* CXLII. Ras. Col.
1303.   CXLII. Ras. Col.
1304. Lopholaimus antarcticus *Shaw.* CXLII. Ras. Col.
1305. Ptilonopus flavipectus *Rchb.*, Loph. antarct. *Sh.* CXLII. Ras. Col.
1306. Jonotreron Rivolii *Prév.* CXLIII. Ras. Col.
1307—1308. Ptilonopus Ewingii *Gld.* CXLIII. Ras. Col.
1309—1310. Ptilonopus Swainsonii *Gld.* CXLIII. Ras. Col.
1311. Ptilonopus pulchellus *T.* CXLIV. Ras. Col.
1312—1313. Sylphitreron perlata *T.* CXLIV. Ras. Col.
1314—1315. Cyanotreron monacha *Reinw.* CXLIV. Ras. Col.
1316—1317. Lamprotreron superba *T.* CXLIV. Ras. Col.
1318—1319. Jonotreron melanocephala *Gm.* CXLV. Ras. Col.
1320—1321. Jonotreron viridis *L.* CXLV. Ras. Col.
1322—1323. Lamprotreron porphyrea *Reinw.* CXLV. Ras. Col.
1324—1325. Cyanotreron cyanovirens *Less. Garn.* CXLVI. Ras. Col.
1326—1327. Thouarsitreron diademata *T.* CXLVI. Ras. Col.
1328—1329. Leucotreron cincta *T.* CXLVI. Ras. Col.
1330. Jonotreron nana *T.* CXLVII. Ras. Col.
1331. Jonotreron occipitalis *Gr. Mitch.* CXLVII. Ras. Col.
1332—1333. Jonotreron ionogastra *Rchb.* CXLVII. Ras. Col.
1334—1335. Rhamphiculus jambu *L.* CXLVII. Ras. Col.
1336. Osmotreron malabarica *Jerd.* CXLVIII. Ras. Col.
1337. Treron psittacea *T.*, Tr. curvirostra *Gm.* CXLVIII. Ras. Col.
1338—1339. Osmotreron olax *T.* CXLVIII. Ras. Col.
1340—1341. Osmotreron vernans *Gm.* CXLVIII. Ras. Col.
1342. Osmotreron bicincta *Jerd.* CXLVIII. Ras. Col.
1343—1344. Crocopus phoenicopterus *Lath.* CXLIX. Ras. Col.

1345—1346. Phalacrotreron abyssinica *Lath.* CXLIX. Ras. Col.

1347. Phalacrotreron calva *T.* CXLIX. Ras. Col.

1348. ．　　　　　　　　　　　　　　　CXLIX. Ras. Col.

1349. Crocopus phoenicopterus *Lath.* CXLIX. Ras. Col.

1350—1351. Butreron Capellei *T.* CL. Ras. Col.

1352—1353. Sphenocercus oxyurus *Reinw.* CL. Ras. Col.

1354. Sphenocercus Sieboldii *T.* CL. Ras. Col. 　.

1355. Sphenocercus sphenurus *Vig.* CL. Ras. Col.

1356—1358. Turtur auritus *Ray.* CLI. Ras. Col.

1359. Turtur rupicola *Pall.* CLI. Ras. Col.

1360. Turtus Dussumierii *T.* CLI. Ras. Col.

1361—1362. Turtus tigrinus *T.* CLI. Ras. Col.

1363. Turtus suratensis *Gm.* CLI. Ras. Col.

1364. Streptopeleia Gumri *Frank.* CLII. Ras. Col.

1365—1366. Streptopeleia risoria *L.* CLII. Ras. Col.

1367. Streptopeleia Gumri *Frank.* CLII. Ras. Col.

1368. Streptopeleia erythrophrys *Sws.* CLII. Ras. Col.

1369. Streptopeleia semitorquata *Sws.* CLII. Ras. Col.

1370. Streptopeleia humilio *T.* CLII. Ras. Col.

1371. Streptopeleia erythrophrys *Sws.* CLIII. Ras. Col.

1372. Streptopeleia lugens *Rüpp.* CLIII. Ras. Col.

1373—1374. Streptopeleia bitorquata *T.* CLIII. Ras. Col.

1375—1376. Turtur senegalensis *Br.* CLIII. Ras. Col.

1377—1379. Ectopistes migratorius *L.* CLIV. Ras. Col.

1380—1382. Zenaidura carolinensis *L.* CLIV. Ras. Col.

1383—1384. Geopeleia humeralis *T.* CLV. Ras. Col.

1385—1386. Geopeleia striata *L.* CLV. Ras. Col.

1387—1389. Stictopeleia cuneata *Lath.* CLV. Ras. Col.

1390. Oena capensis *L.* ♂ CLV. Ras. Col. 　·

1391. Oena capensis *L.* ♀ CLV. Ras. Col.

1392. Scardafella squamosa *T.* CLV. Ras. Col.

1393. Scardafella Inca *Less.* CLV. Ras. Col.

1394. Macropygia tenuirostris *Gr.* CLVI. Ras. Col.

1395. Macropygia amboinensis *Br.* CLVI. Ras. Col.

1396. Macropygia phasianella *T.* CLVI. Ras. Col.

1397—1398. Macropygia ruficeps *T.* CLVI. Ras. Col.

1399. Macropygia macroura *Gm.* CLVI. Ras. Col.

1400. Turacoena Reinwardtii *T.* CLVII. Ras. Col.

1401. Turacoena modesta *T.* CLVII. Ras. Col.

1402. Macropygia leptogrammica *T.* CLVII. Ras. Col.

1403—1404. Turacoena manadensis *Q. G.* CLVII. Ras. Col.
1405. Columbina strepitans *Spix.* CLVIII. Ras. Col.
1406. Uropeleia campestris *Spix.* CLVIII. Ras. Col.
1407. CLVIII. Ras. Col.
1408. Columbina erythrothorax *Mey.* CLVIII. Ras. Col.
1409. Scardafella squamosa *T.* CLVIII. Ras. Col.
1410. Scardafella Inca *Less.* CLVIII. Ras. Col.
1411. CLVIII. Ras. Col.
1412. Zenaida amabilis *Bp.* CLIX. Ras. Col.
1413—1414. Zenaida martinicana *Br.* CLIX. Ras. Col.
1415—1416. Zenaida gallopagoënsis *Néb.* CLIX. Ras. Col.
1417. Melopeleia leucoptera *L.* CLIX. Ras. Col.
1418. Melopeleia meloda *Tsch.* CLIX. Ras. Col.
1419—1420. Pyrgitoenas passerina *L.* CLX. Ras. Col.
1421. Coturnicoenas hottentotta *T.* CLX. Ras. Col.
1422—1423. Pyrgitoenas griseola *Spix.* CLX. Ras. Col.
1424. Chamaepeleia cinnamomina *Sws.* CLX. Ras. Col.
1425. Peristera cinerea ♂ *T.* CLX. Ras. Col.
1426. Peristera cinerea ♀ *T.* CLX. Ras. Col.
1427—1428. Chalcopeleia chalcospilos *Wagl.* CLXI. Ras. Col.
1429. Zenaida maculata *V.* CLXI. Ras. Col.
1430. Peristera Geoffroyi *T.* CLXI. Ras. Col.
1431. Starnoenas cyanocephala *L.* CLXI. Ras. Col.
1432. Oreopeleia martinica *L.* CLXI. Ras. Col.
1433. Oreopeleia frenata *Tsch.* CLXI. Ras. Col.
1434. Haplopeleia larvata *T.* CLXII. Ras. Col.
1435. Tympanistria bicolor *Rchb.* CLXII. Ras. Col.
1436—1437. Leptoptila rufaxilla *Rich. Bern.* CLXII. Ras. Col.
1438. Uropeleia dominicensis *Buff.* CLXII. Ras. Col.
1439. CLXII. Ras. Col.
1440. Haplopeleia bronzina *Rüpp.* CLXII. Ras. Col.
1441—1442. Chalcophaps indica *L.* CLXIII. Ras. Col.
1443—1444. Chalcophaps chrysochlora *Wagl.* CLXIII. Ras. Col.
1445. CLXIII. Ras. Col.
1446. CLXIII. Ras. Col.
1447—1448. Petrophassa albipennis *Gld.* CLXIII. Ras. Col.
1449—1451. Ocyphaps lophotes *Gld.* CLXIV. Ras. Col.
1452—1453. Phaps chalcoptera *Selb.* CLXIV. Ras. Col.
1454—1456. Phaps elegans *Selb.* CLXIV. Ras. Col.
1457—1458. Leucosarcia picata *Gld.* CLXV. Ras. Col.

1459—1460. Phaps histrionica *V.* CLXV. Ras. Col.
1461—1462. Geophaps plumifera *Gld.* CLXV. Ras. Col.
1463—1464. Geophaps scripta *Gld.* CLXV. Ras. Col.
1465—1466. Geophaps Smithii *Gld.* CLXV. Ras. Col.
1467—1468. Caloenas nicobarica *L.* CLXVI. Ras. Col.
1469—1470. Chrysoenas luteovirens *H..J.* CLXVI. Ras. Col.
1471—1472. Columba carunculata *T.* CLXVI. Ras. Col.
1473—1474. Goura coronata *L.* CLXVII. Ras. Col.
1475. Goura Victoriae *Fras.* CLXVII. Ras. Col.
1476—1477. Geopeleia tranquilla *Gld.* CLXVIII. Ras. Col.
1478—1479. Stictopeleia cuneata *Lath.* CLXVIII. Ras. Col.
1480. CLXVIII. Ras. Col.
1481. CLXVIII. Ras. Col.
1482. CLXVIII. Ras. Col.
1483—1484. CLXVIII. Ras. Col.
1485—1486. CLXVIII. Ras. Col.
1487. CLXVIII. u. Ortalida Motmot *L.* CLXIX. Ras. Col.
1488. Ortalida Motmot *L.* CLXIX. Ras. Col.
1489. CLXIX. Ras. Col.
1490. Ortalida poliocephala *Wagl.* CLXIX. Ras. Col.
1491. Ortalida garrula *Humb.* CLXIX. Ras. Col.
1492—1493. Ortalida Aracuan *Spix.* CLXX. Ras. Col.
1494. Ortalida guttata *Spix.* CLXX. Ras. Col.
1495. Penelopsis rufiventris *Tsch.* CLXX. Ras. Col.
1496. Ortalida ruficeps *Wagl.* CLXX. Ras. Col.
1497.
1498—1499. Pipile leucolophos *Merr.* CLXXI. Ras. Col.
1500. Aburria carunculata *T.* CLXXI. Ras. Col.
1501—1502. Penelope cristata *L.* CLXXI. Ras. Col.
1503. Penelope Marail *Gm.* CLXXI. Ras. Col.
1504. CLXXII. Ras. Col.
1505. Penelope Jacucaca *Spix.* CLXXII. Ras. Col.
1506—1507. Penelope superciliaris *Ill.* CLXXII. Ras. Col.
1508. Oreophasis Derbyana *Gr.* CLXXII. Ras. Col.
1509—1511. Pauxi galeata *Lath.* CLXXIII. Ras. Col.
1512—1513. Mitu brasiliensis *Br.* CLXXIII. Ras. Col.
1514. Mitu tomentosa *Spix.* CLXXIII. Ras. Col.
1515. Crax fasciolata *Spix.* CLXXIV. Ras. Col.
1516. Crax Pseudalector *Rchb.* CLXXIV. Ras. Col.

1517. Crax globicera *L.* CLXXIV. Ras. Col.
1518. Crax Aldrovandi *Rchb.* CLXXIV. Ras. Col.
1519—1520. Crax globulosa *Spix.* CLXXIV. Ras. Col.
1521—1522. Crax carunculata *T.* CLXXV. Ras. Col.
1523—1524. Crax Blumenbachii *Spix.* u. Cr. rubra *T.* CLXXV. Ras. Col.
1525. Crax Urumutum *Spix.* CLXXV. Ras. Col.
1526—1527. Microdactylus cristatus *L.* CLXXV. Ras. Col.
1528. Didunculus strigirostris *Jard.* CLXXVI. Ras. Col.
1529. Alecthelia Urvillii *Less.* CLXXVI. Ras. Col.
1530. Megapodius Duperreyi *L. G.* CLXXVI. Ras. Col.
1531. Megapodius tumulus *Gld.* CLXXVI. Ras. Col.
1532. Megapodius La Peyrousii *Quoy.* CLXXVII. Ras. Col.
1533. Megapodius rubripes *T.* CLXXVII. Ras. Col.
1534. Megapodius Freycinetii *T.* CLXXVII. Ras. Col.
1535. Megapodius Freycinetii *Q. G.* CLXXVII. Ras. Col.
1536—1537. Leipoa ocellata *Gld.* CLXXVII. Ras. Col.
1538. Mesoen.varieg. *G.* CLXXVII., Taleg. Cuv. *Ls.* CLXXVIII.Ras.Col.
1538ᵇ· Mesoenas unicolor *des Murs* CLXXVII. Ras. Col.
1539. Talegallus Cuvierii *Less.* CLXXVIII. Ras. Col.
1540. Catheturus Lathami *Gr.* CLXXVIII. Ras. Col.
1541—1544. Megacephalon Maleo *T.* CLXXVIII. Ras. Col.
1545—1546. Chionis alba *Frst.* CLXXIX. Ras.
1547. Chionis minor *Hartl.* CLXXIX. Ras.
1548—1550. Thinocorus rumicivorus *Esch.* CLXXX. Ras.
1551. Thinocorus Swainsonii *Less.* CLXXX. Ras.
1552—1553. Thinocorus Orbignianus *Geoffr.* CLXXX. Ras.
1554. Attagis Gayi *Geoffr.* CLXXXI. Ras.
1555—1556. Attagis Latreillei *Less.* CLXXXI. Ras.
1557. Attagis maluinus *Bodd.* CLXXXI. Ras.
1558. Tinamus maior *L.* CLXXXII. Ras.
1559. Tinamus vermiculatus *T.* CLXXXII. Ras.
1560. Tinamus adspersus *T.* CLXXXII. Ras.
1561—1562. Tinamus noctivagus *M. N. W.* CLXXXII. Ras.
1563. Tinamus Kleei *Tsch.* CLXXXIII. Ras.
1564. Tinamus cinereus *Gm.* CLXXXIII. Ras.
1565—1566. Tinamus Tataupa *T.* CLXXXIII. Ras.
1567. Tinamus undulatus *T.* CLXXXIII. Ras.
1568—1569. Tinamus obsoletus *T.* CLXXXIII. Ras.
1570—1571. Tinamus variegatus *Gm.* CLXXXIV. Ras.
1572—1573. Tinamus Sovi *Gm.* CLXXXIV. Ras.

1574. Nothura Boraquira *Spix.* CLXXXIV. Ras.
1575. Nothura maior *Spix.* CLXXXIV. Ras.
1576. Nothura maculosa *T.* CLXXXIV. Ras.
1577. Nothura minor *Spix.* CLXXXIV. Ras.
1578. Nothura nana *T.* CLXXXIV. Ras.
1579—1580. Rhynchotis rufescens *T.* CLXXXV. Ras.
1581—1582. Rhynchotis Perdix *Mol.* CLXXXV. Ras.
1583. Tinamotis eleg. *D'Orbg.* CLXXXV. Ras.
1584. Tinamotis Pentlandi *Vig.* CLXXXV. Ras.
1585. Tinamotis ocellata *Mey.* CLXXXV. Ras.
1586—1595. Numida Meleagris *L.* CLXXXVI. Ras.
1596. Numida mitrata *Pall.* CLXXXVI. Ras.
1597—1598. Numida ptilonorhyncha *Lchtst.* CLXXXVI. Ras.
1599—1600. Numida cristata *Pall.* CLXXXVI. Ras.
1601—1608. Meleagris Gallopavo *L.* CLXXXVII. Ras.
1609—1617. Meleagris Gallopavo domestica *L.* CLXXXVII. Ras.
1618. Meleagris ocellata *T.* CLXXXVII. Ras.
1619—1622. Glareola pratincola *L.* CLXXXVIII. Ras.
1623—1624. Glareola Nordmanni *Fisch.* CLXXXVIII. Ras.
1625. Glareola limbata *Rüpp.* CLXXXVIII. Ras.
1626. Glareola Géoffroyi *Puch.* CLXXXVIII. Ras.
1627—1628. Glareola orientalis *Leach.* CLXXXIX. Ras.
1629. Glareola cinerea *Fras.* CLXXXIX. Ras.
1630—1631. Glareola lactea *T.* CLXXXIX. Ras.
1632—1633. Glareola australis *Leach.* CLXXXIX. Ras.
1634—1641. Coturnix communis *Bonn.* CXC. Ras.
1642. Haemactop. niger *Q. G.* XCVI. Grall., Cot. com. *Bn.* CXC. Ras.
1643. Coturnix communis *Bonn.* CXC. Ras.
1644. Coturnix capensis *Lchtst.* CXC. Ras.
1645—1647. Coturnix coromandelica *Gm.* CXC. Ras.
1648—1650. Coturnix Novae Zelandiae *Q. G.* CXC. Ras.
1651. Coturnix pectoralis *Gld.* CXC. Ras.
1652—1653. Coturnix Argoondah *Syk.* CXCI. Ras.
1654—1655. Coturnix rubiginosa *Val.* CXCI. Ras.
1656—1657. Coturnix erythrorhyncha *Syk.* CXCI. Ras.
1658. Synoicus Novae Guineae *Gm.* CXCII. Ras.
1659—1664. Synoicus australis *Lath.* CXCII. Ras.
1665—1667. Synoicus cambayensis *Lath.* CXCII. Ras.
1668—1670. Synoicus Chinensis *L.* CXCII. Ras.
1671. Synoicus philippensis *Br.* CXCII. Ras.

1672—1673. Ortyx cristatus *L.* CXCIII. Ras.
   1674. Ortyx Sonninii *T.* CXCIII. Ras.
1675—1676. Ortyx affinis *Vig.* CXCIII. Ras.
   1677. Ortyx Douglassii *Vig.* CXCIII. Ras.
1678—1680. Ortyx virginianus *L.* CXCIII. Ras.
   1681. Ortyx nigrogularis *Gld.* CXCIII. Ras.
   1682. Ortyx leucopogon *Less.* CXCIV. Ras.
1683—1684. Lerwa nivicola *Hodgs.* CXCIV. Ras.
1685—1686. Cyrtonyx Massena *Less.* CXCIV. Ras.
   1687. Odontophorus speciosus *Tsch.* CXCIV. Ras.
1688—1689. Odontophorus guianensis *Gm.* CXCIV. Ras.
1690—1691. Odontophorus dentatus *L.* CXCIV. Ras.
1692—1693. Odontophorus macrourus *J. S.* CXCIV. Ras.
1694—1696. Perdix cinerea *L.* CXCV. Ras.
   1697. Perdix var. leucoptera. CXCV. Ras.
   1698. Perdix var. variegata. CXCV. Ras.
   1699. Perdix var. pallida. CXCV. Ras.
1700—1701. Perdix montana *Br.* CXCV. Ras.
1702—1703. Perdix var. variegata. CXCV. Ras.
1704—1705. Perdix madagascariensis *Scp.* CXCVI. Ras.
   1706. Perdix pyrrhogastra *Rchb.* CXCVI. Ras.
1707—1708. Perdix javanica *Gm.* CXCVI. Ras.
   1709. Perdix oculea *T.* CXCVI. Ras.
1710—1711. Perdix torquata *Val.* CXCVI. Ras.
1712—1718. Caccabis rufa *L.* CXCVII. Ras.
1719—1724. Caccabis graeca *Br.* CXCVII. Ras.
1725—1726. Caccabis chukar *Gr.* CXCVII. Ras.
1727—1728. Caccabis petrosa *Lat.* CXCVII. Ras.
1729—1730. Caccabis Bonhami *Gr.* CXCVIII. Ras.
   1731. Caccabis melanocephala *Rüpp.* CXCVIII. Ras.
1732—1733. Caccabis Heyii *T.* CXCVIII. Ras.
   1734. Caccabis ferruginea *Gm.* u. Gallus gallorum *Less.* CXCVIII. Ras.
   1735. Caccabis ferruginea *Gm.* CXCVIII. Ras.
1736—1737. Ptilopachus ventralis *Val.* CXCIX. Ras
1738—1740. Francolinus vulgaris *Steph.* CXCIX. Ras.
1741—1742. Francolinus perlatus *Gm.* CXCIX. Ras.
   1743. Francolinus pictus *J. S.* CXCIX. Ras.
   1744. Francolinus ponticerianus *Gm.* CC. Ras.
1745—1746. Francolinus gariepensis *Sm.* CC. Ras.
1747—1748. Francolinus afer *Lath.* CC. Ras.

1749—1750. Francolinus Le Vaillantii *Val.* CC. Ras.

1751. Francolinus subtorquatus *Sm.* CCI. Ras.

1752. Francolinus gutturalis *Rpp.* CCI. Ras.

1753—1754. Francolinus albiscapus *Rchb.* CCI. Ras.

1755—1756. Francolinus pileatus *Sm.* CCI. Ras.

1757—1758. Francolinus Clappertoni *Childr.* CCI. Ras.

1759. Francolinus Rüppelii *Gr.* CCI. Ras.

1760—1761. Francolinus natalensis *Sm.* CCII. Ras.

1762—1763. Francolinus Swainsonii *Sm.* CCII. Ras.

1764—1765. Francolinus capensis *Gm.* CCII. Ras.

1766. Francolinus nudicollis *Gm.* CCII. Ras.

1767. Francolinus rubricollis *Rpp.* CCII. Ras.

1768. Francolinus bicalcaratus *L.* CCIII. Ras.

1769. Francolinus Erkelii *Rpp.* CCIII. Ras.

1770. Francolinus Cranchii *Lch.*, Itaginis lunulatus *Val.* CCIII. Ras.

1771—1772. Itaginis cruentus *Hardw.* CCIII. Ras.

1773—1775. Turnix africanus *Dsf.* CCIV. Ras.

1776. Turnix Dussumieri *T.* CCIV. Ras.

1777—1778. Turnix lepurana *Sm.* CCIV. Ras.

1779—1780. Turnix castanotus *Gld.* CCIV. Ras.

1781—1782. Turnix hottentottus *T.* CCIV. Ras.

1783—1784. Turnix varius *T.* CCIV. Ras.

1785—1786. Turnix velox *Gld.* CCV. Ras.

1787—1788. Turnix pyrrhothorax *Gld.* CCV. Ras.

1789—1790. Turnix maculosus *T.* CCV. Ras.

1791. Turnix joudera *Hodgs.* CCV. Ras.

1792. Turnix Taigoor *Syk.* CCV. Ras.

1793. Turnix fasciatus *T.* CCV. Ras.

1794—1796. Turnix pugnax *T.* CCVI. Ras.

1797. Turnix nigricollis *Gm.* CCVI. Ras.

1798. Turnix melanogaster *Gld.* CCVI. Ras.

1799—1800. Turnix ocellatus *Scp.* CCVI. Ras.

1801—1803. Turnix nigrifrons *V.* Oxyteles Meiffrenii *V.* CCVI. Ras.

1804—1806. Pedionomus torquatus *Gld.* CCVI. Ras.

1807—1808. Syrrhaptes paradoxus *Pall.* CCVII. Ras.

1809—1812. Pterocles arenarius *Pall.* CCVII. Ras.

1813—1814. Pterocles Alchata *L.* CCVII. Ras.

1815—1816. Pterocles coronatus *Lchtst.* CCVIII. Ras.

1817—1818. Pterocles fasciatus *Scop.* CCVIII. Ras.

1819—1820. Pterocles bicinctus *T.* CCVIII. Ras.

1821—1822. Pterocles personatus *Gld.* CCVIII. Ras.
1823—1824. Pterocles exustus *T.* CCIX. Ras.
1825—1826. Pterocles namaquus *Gm.* CCIX. Ras.
1827—1828. Pterocles Lichtensteinii *T.* CCIX. Ras.
1829—1830. Pterocles gutturalis *Sm.* CCX. Ras.
1831—1832. Pterocles senegalus *L.* CCX. Ras.
1833—1834. Pterocles variegatus *Burch.* CCX. Ras.
1835—1837. Bonasia silvestris *Br.* CCXI. Ras.
1838—1840. Bonasia umbellus *L.* CCXI. Ras.
1841—1849. Lagopus mutus *Leach.* CCXII. Ras.
1850—1857. Lagopus islandorum *Fab.* CCXII. Ras.
1858—1862. Lagopus albus *Gm.* CCXIII. Ras.
1863—1875. Lagopus scoticus *Lath.* CCXIII. Ras.
1876—1878. Lagopus rupestris *Lath.* CCXIV. Ras.
1879. Lagopus leucurus *Sws.* CCXIV. Ras.
1880. Lagopus persicus *Gr.* CCXIV. Ras.
1881—1882. Lagopus lagopodio ✕ tetrixhybridus. CCXIV. Ras.
1883—1885. Tetrao canadensis *L.* CCXV. Ras.
1886. Tetrao var. Franklini *Richds.* CCXV. Ras.
1887—1889. Tetrao obscurus *Say.* CCXV. Ras.
1890—1892. Tetrao Urophasianus *Bp.* CCXVI. Ras.
1893—1895. Tetrao Phasianellus *L.* CCXVI. Ras.
1896—1898. Tetrao Cupido *L.* CCXVII. Ras.
1899—1904. Lyrurus Tetrix *L.* CCXVII. Ras.
1905—1908. Urogallus hybridus *L.* CCXVIII. Ras.
1909—1913. Urogallus Urogallus *L.* CCXVIII. Ras.
1914—1916. Callipepla californica *Lath.* CCXIX. Ras.
1917. Callipepla elegans *Less.* CCXIX. Ras.
1918—1919. Callipepla squamata *Vig.* CCXIX. Ras.
1920—1922. Rollulus cristatus *Gm.* CCXIX. Ras.
1923—1924. Rollulus niger *Vig.* CCXIX. Ras.
1925—1937. Phasianus colchicus *L.* CCXX. Ras.
1938. Phasianus colchico ✕ Meleagris hybridus. CCXX. Ras.
1939—1940. Phasianus colchicus variegatus. CCXX. Ras.
1941. Phasianus colchicus variegatus. CCXXI. Ras.
1942—1943. Phasianus colchicus albus. CCXXI. Ras.
1944—1946. Phasianus torquatus *Gm.* CCXXI. Ras.
1947—1948. Phasianus Wallichii *Hardw.* CCXXII. Ras.
1949—1950. Phasianus versicolor *V.* CCXXII. Ras.
1951. Phasianus Reevesii *Gr.* CCXXIII. Ras.

1952—1953. Phasianus Soemmeringii *T.* CCXXIII. Ras.
1954—1961. Thaumalea picta *L.* CCXXIV. Ras.
1962. Thaumalea colchico ⚥ picta hybr. CCXXIV. Ras.
1963. Thaumalea Amherstiae *Leadb.* CCXXIV. Ras.
1964—1966. Argus giganteus *T.* CCXXV. Ras.
1967. Polyplectron bicalcaratum *L.* CCXXVI. Ras.
1968. Polyplectron thibetanum *L.* CCXXVI. Ras.
1969—1970. Polyplectron lineatum *Gr.* CCXXVI. Ras.
1971. Polyplectron Vieillotii *Rchb.* CCXXVII. Ras.
1972. Polyplectron Napoleonis *Mass.* CCXXVII. Ras.
1973. Polyplectron chalcurum *T.* CCXXVII. Ras.
1974. Itaginis madagascariensis *Scp.* CCXXVII. Ras.
1975—1983. Pavo cristatus *L.* CCXXVIII. Ras.
1984—1985. Pavo muticus *L.* CCXXIX. Ras.
1986. Crossoptilon auritum *Pall.* CCXXX Ras.
1987—1989. Lophophorus Imbeyanus *Lath.* CCXXX. Ras.
1990—1991. Tetraogallus caucasicus *Pall.* CCXXXI. Ras.
1992—1994. Pucrasia macrolopha *Less.* CCXXXI. Ras.
1995—1996. Satyra Edwardsii *Rchb.* CCXXXII. Ras.
1997—1998. Satyra Hastingii *Vig.* CCXXXII. Ras.
1999—2002. Satyra melanocephala *Gr.* CCXXXIII. Ras.
2003—2006. Satyra Lathami *Gr.* CCXXXIV. Ras.
2007—2008. Acomus purpureus *Gr.* CCXXXV. Ras.
2009—2010. Acomus erythrophthalmus *Raffl.* CCXXXV. Ras.
2011—2016. Nycthemerus argentatus *Sws.* CCXXXVI. Ras.
2017—2018. Nycthemerus colchico ⚥ N. hybridus. CCXXXVI. Ras.
2019—2020. Nycthemerus lineatus *Lath.* CCXXXVII. Ras.
2021. Euplocomus Horsfieldii *Gr.* CCXXXVII. Ras.
2022—2023. Euplocomus Cuvierii *T.* CCXXXVII. Ras.
2024—2028. Euplocomus leucomelanos *Lath.* CCXXXVIII. Ras.
2029—2030. Macartneya ignitus *Shaw.* CCXXXIX. Ras.
2031—2033. Macartneya Vieillotii *Gr.* CCXXXIX. Ras.
2034—2035. Gallus varius *Shaw.* CCXL. Ras.
2036. Gallus aeneus *Cuv.* CCXL. Ras.
2037. Gallus Lafayetti *Less.* CCXL. Ras.
2038—2040. Gallus Bankiva *T.* CCXLI. Ras.
2041—2042. Gallus Sonnerati *T.* CCXLI. Ras.
2043—2044. Gallus Stanleyi *Hrdw.* CCXLI. Ras.
2045—2046. Gallus giganteus *T.* CCXLII. Ras.
2047—2048. Gallus patavinus *Br.* CCXLII. Ras.

2049—2051. Gallus domesticus anglicus CCXLIII. Ras.
2052—2053. Gallus domesticus pendadactylus *Br.* CCXLIII. Ras.
    2054. Gallus domesticus coronatus CCXLIII. Ras.
2055—2064. Gallus domesticus germanicus CCXLIII. Ras.
2065—2071. Gallus domesticus hispanicus proboscideus CCXLIV. Ras.
2072—2076. Gallus domesticus normandicus CCXLIV. Ras.
2077—2085. Gallus domesticus cristato-barbatus CCXLV. Ras.
2086—2087. Gallus domesticus sultanus vidua *Bchst.* CCXLV. Ras.
2088—2096. Gallus domesticus bantamensis *Bon.* CCXLVI. Ras.
2097—2100. Gallus domesticus pumilio *Br.* CCXLVI. Ras.
2101—2102. Gallus domesticus lanatus *Lath.* CCXLVI. Ras.
2103—2106. Gallus domesticus morio *Br.* CCXLVI. Ras.
2107—2110. Gallus domesticus semicristatus CCXLVII. Ras.
2111—2112. Gallus domesticus hamburgicus *Alb.* CCXLVII. Ras.
2113—2116. Gallus domesticus reverso-crispatus CCXLVII. Ras.
2117—2119. Gallus domesticus ecaudatus CCXLVII. Ras.
2120—2123. Pluvianus aegyptius *L.* CCXLVIII. Ras.
2124—2126. Cursorius gallicus *Gm.* CCXLVIII. Ras.
2127—2128. Cursorius Coromandelicus *Gm.* CCXLVIII. Ras.
2129—2130. Cursorius senegalensis *Lcht.* CCXLIX. Ras.
2131—2132. Cursorius chalcopterus *T.* CCXLIX. Ras.
2133—2134. Tachydromus bicinctus *T.* CCXLIX. Ras.
2135—2141. Otis tarda *L.* CCL. Ras.
2142—2145. Otis tetrax *L.* CCL. Ras.
2146—2147. Houbara undulata *Jcq.* CCLI. Ras.
2148—2149. Houbara Macqueenii *Hrdw. Gr.* CCLI. Ras.
2150—2154. Comatotis aurita *Lath.* CCLII. Ras.
2155—2159. Comatotis bengalensis *Gm.* CCLII. Ras.
2160—2163. Lissotis melanogaster *Rpp.* CCLIII. Ras.
    2164. Lissotis senegalensis *V.* CCLIII. Ras.
2165—2167. Lissotis afra *L.* CCLIV. Ras.
2168—2170. Lissotis leucoptera *Rchb.* CCLIV. Ras.
2171—2172. Trachelotis Vigorsii *Sm.* CCLV. Ras.
    2173. Trachelotis coerulescens *V.* CCLV. Ras.
    2174. Houbara Nuba *Rpp.* CCLVI. Ras.
    2175. Lophotis ruficrista *Sm.* CCLVI. Ras.
2176—2177. Eupodotis Ludwigii *Rpp.* CCLVI. Ras.
2178—2179. Eupodotis nigriceps *Vig.* CCLVII. Ras.
2180—2181. Eupodotis arabs *L.* CCLVII. Ras.
2182—2183. Eupodotis caffra *Lcht.* CCLVIII. Ras.

43

2184—2185. Eupodotis Denhami *Chldr.* CCLVIII. Ras.
2186—2187. Eupodotis Kori *Burch.* CCLIX. Ras.
2188—2190. Eupodotis australis *Gr.* CCLIX. Ras.
2191—2193. Apteryx australis *Shaw.* CCLX. Ras.
2194—2195. Rhea americana *Lath.* CCLXI. Ras.
2196—2197. Rhea Darwinii *Gld.* CCLXI. Ras.
2198—2200. Struthio Camelus *L.* CCLXII. Ras.
2201—2205. Struthio et pulli. CCLXII. Ras.
2206—2213. Dromaius Novae Hollandiae *Lath.* CCLXIII. Ras.
2214—2217. Casuarius Emu *Lath.* CCLXIII. Ras.
2218. Catarractes pachyrhyncha *Gr.* CCLXIV. Nat.
2219. Spheniscus Adeliae *H. & J.* CCLXIV. Nat.
2220. Eudyptes papua *Gr.* CCLXIV. Nat.
2221. Eudyptes antarctica *Gr.* CCLXIV. Nat.
2222—2223. Phaleris cristatella *Brdt.* CCLXV. Nat.
2224—2225. Phaleris nodirostra *Bp.* CCLXV. Nat.
2226—2227. Ombria psittacula *Esch.* CCLXV. Nat.
2228—2229. Fratercula glacialis *Leach.* CCLXV. Nat.
2230—2232. Brachyrhamphus antiquus *Brdt.* CCLXVI. Nat.
2233. Cepphus Mandtii *Lcht.* CCLXVI. Nat.
2234. Cepphus Grylle *Cuv.* CCLXVI. Nat.
2235. Cepphus Grylle var. variegata. CCLXVI. Nat.
2236. Podilymbus brevirostris *Gr.* CCLXVI. Nat.
2237—2238. Thalassidroma Wilsonii *Bp.* CCLXVII. Nat.
2239—2240. Thalassidroma melanogastra *Gld.* CCLXVII. Nat.
2241—2242. Thalassidroma leucogastra *Gld.* CCLXVII. Nat.
2243—2244. Thalassidroma Nereis *Gld.* CCLXVIII. Nat.
2245—2246. Thalassidroma furcata *Gld.* CCLXVIII. Nat.
2247—2249. Thalassidroma marina *Less.* CCLXVIII. Nat.
2250—2251. Puffinus obscurus *V.* CCLXIX. Nat.
2252—2253. Procellaria Cookii *Gr.* CCLXIX. Nat.
2254. Rissa nivea *Pall.* CCLXIX. Nat.
2255—2256. Sterna melanauchen *T.* CCLXX. Nat.
2257. Sterna acuticauda *Gr. Hrdw.* CCLXX. Nat.
2258. Sterna javanica *Hrsf.* CCLXX. Nat.
2259. Sterna brevirostris *Gr. Hrdw.* CCLXX. Nat.
2260. Sterna aurantia *Gr. Hrdw.* CCLXXI. Nat.
2261. Sterna similis *Gr. Hrdw.* CCLXXI. Nat.
2262. Sterna coccinirostris *Rchb.* CCLXXI. Nat.
2263—2264. Sterna strenua *Gld.* CCLXXI. Nat.

44 Spec. Ornithologie: 2265—2329.

2265—2266. Sterna fuliginosa *Gm.* CCLXXII. Nat.
2267—2268. Sterna Gouldii *Rchb.* CCLXXII. Nat.
2269—2270. Procellaria coerulea *Gm.* CCLXXII. Nat.
2271. Puffin. brevicaud. *Br.* CCLXXII., Anous tephrodes *R.* CCLXXIII. N.
2272. Puffin. brevic. *Br.* CCLXII., Anous leucoceph. *Gd.* CCLXXIII. Nat.
2273. Anous leucocephalus *Gld.* CCLXXIII. Nat.
2274—2275. Anous melanops *Gld.* CCLXXIII. Nat.
2276—2277. Anous stolidus *Gld.* CCLXXIII. Nat.
2278. Rissa Polocandor *Gr.* CCLXXIV. Nat.
2279. Larus (Xema) furcatus *Neb.* CCLXXIV. Nat.
2280—2281. Larus (Xema) Sabinii juv. *Pauls.* CCLXXIV. Nat.
2282—2283. Larus scopulinus *Forst.* CCLXXV. Nat.
2284. Larus modestus *Tsch.* CCLXXV. Nat.
2285—2286. Larus pacificus *Lath.* CCLXXV. Nat.
2287—2288. Sula australis *Gld.* CCLXXVI. Nat.
2289—2290. Sula cyanops *Sund.* CCLXXVI. Nat.
2291. Sula personata *Gld.* CCLXXVI. Nat.
2292—2293. Sula capensis *Lcht.* CCLXXVI. Nat.
2294—2295. Sula piscatrix (piscator *L.*) CCLXXVII. Nat.
2296—2297. Sula fusca *V.* CCLXXVII. Nat.
2298. Phaëthon Edwardsii *Brdt.* CCLXXVII. Nat.
2299. Phaëthon aethereus *L.* CCLXXVII. Nat.
2300—2301. Daption capensis *Gld.* CCLXXVIII. Nat.
2302—2303. Plotus Novae Hollandiae *Gld.* CCLXXVIII. Nat.
2304. Graculus pygmaeus indicus *T.* CCLXXVIII. Nat.
2305—2306. Graculus pygmaeus algeriensis. CCLXXIX. Nat.
2307. Graculus javanicus *Hrsf.* CCLXXIX. Nat.
2308. Graculus brevirostris *Gld.* CCLXXIX. Nat.
2309—2310. Graculus albigula *Brdt.* CCLXXIX. Nat.
2311—2312. Graculus Urile *Gr.* CCLXXX. Nat.
2313—2315. Graculus lugubris *Gr.* CCLXXX. Nat.
2316. Graculus chalconotus *Gr.* CCLXXX. Nat.
2317. Larus Bridgesii *Fras.* CCLXXXI. Nat.
2318. Sterna Seena *Syk.* CCLXXXI. Nat.
2319—2320. Pelecanus perspicillatus *T.* CCLXXXI. Nat.
2321—2322. Pelecanus minor *Rpp.* CCLXXXI. Nat.
2323—2324. Merganetta armata *Gld.* CCLXXXII. Nat.
2325. Merganetta leucogenys *Tsch.* CCLXXXII. Nat.
2326—2327. Nyroca australis *Gld.* CCLXXXII. Nat.
2328—2329. Thalassiornis leuconotos *Eyt.* CCLXXXII. Nat.

2330—2331. Mareca castanea *Eyt.* CCLXXXIII. Nat.
2332—2333. Malacorhynchus membranaceus *Sws.* CCLXXXIII. Nat.
2334—2335. Spatula rhynchotis *Gr.* CCLXXXIII. Nat.
2336. Dafila urophasianus *Vig.* CCLXXXIII. Nat.
2337. Pterocyanea coeruleata *Gr.* CCLXXXIV. Nat.
2338—2340. Querquedula glocitans *Gr.* CCLXXXIV. Nat.
2341—2342. Querquedula angustirostris *Bp.* CCLXXXIV. Nat.
2343. Anas flavirostris *V.* CCLXXXIV. Nat.
2344. Pterocyanea maculirostris *Gr.* CCLXXXIV. Nat.
2345. Querquedula carolinensis *Steph.* CCLXXXIV. Nat.
2346. Anas luzonica *Fras.* CCLXXXV. Nat.
2347. Anas superciliosa *Gm.* CCLXXXV. Nat.
2348. Anas poecilorhyncha *Penn.* CCLXXXV. Nat.
2349. Anas specularis *King.* CCLXXXV. Nat.
2350. Fuligula albipennis *Lcht.* CCLXXXV. Nat.
2351. Casarca variegata *Gr.* CCLXXXV. Nat.
2352—2353. Bernicla jubata *Steph.* CCLXXXVI. Nat.
2354. Bernicla cianoptera *Rpp.* CCLXXXVI. Nat.
2355—2356. Bernicla sandvicensis *Vig.* CCLXXXVI. Nat.
2357—2358. Dendrocygna Eytoni *Gr.* CCLXXXVI. Nat.
2359. Dendrocygna arborea *Eyt.* CCLXXXVII. Nat.
2360. Anas melanotis n. sp ? *Rchb.* CCLXXXVII. Nat.
2361. Dendrocygna vagans *Eyt.* CCLXXXVII. Nat.
2362. Cygnus atratus *Steph.* CCLXXXVII. Nat.
2363. Phoenicopterus ignipalliatus *Geoffr.* CCLXXXVII. Nat.
2364—2365. Recurvirostra occidentalis *Vig.* CCLXXXVIII. Grall.
2366—2367. Limosa melanuroides *Gld.* CCLXXXVIII. Grall.
2368. Philomachus pugnax *L.* CCLXXXVIII. Grall.
2369. Totanus fuliginosus *Gld.* CCLXXXIX. Grall.
2370—2371. Totanus fuscus indicus *Gr. Hrdw.* CCLXXXIX. Grall.
2372. Totanus leucurus *Gr. Hrdw.* CCLXXXIX. Grall.
2373. Totanus affinis *Hrsf.* CCLXXXIX. Grall.
2374. Totanus Lathami *Gr. Hrdw.* CCXC. Grall.
2375—2377. Philomachus pugnax indicus *Lath.* CCXC. Grall.
2378—2379. Schoeniclus australis *Gld.* CCXC. Grall.
2380—2381. Scolopax (Telmatias) leucura *Sws.* CCXCI. Grall.
2382. Scolopax Horsfieldii *Gr. Hrdw.* CCXCI. Grall.
2383. Ibis comata *Ehrnb.* CCXCI. Grall.
2384. Ibis olivacea *Du Bus* CCXCI. Grall.
2385. Ibis longirostris *Wagl.* CCXCII. Grall.

2386. Ibis erythrorhyncha *Gld.* CCXCII. Grall.

2387. Mycteria australis *Lath.* CCXCII. Grall.

2388. Ciconia microscelis *Gr.* CCXCII. Grall.

2389—2390. Nycticorax caledonicus *Gm.* CCXCIII. Grall.

2391. Nycticorax manillensis *Vig.* CCXCIII. Grall.

2392. Ardetta Sturmii *Wgl.* CCXCIII. Grall.

2393—2395. Ardetta flavicollis *Lath.* CCXCIII. Grall.

2396. Ardetta cinnamomea *Gm.* CCXCIV. Grall.

2397. Ardea Grayi *Syk.* CCXCIV. Grall.

2398—2399. Ardea Novae Hollandiae *Lath.* CCXCIV. Grall.

2400. Ardea pacifica *Lath.* CCXCIV. Grall.

2401—2402. Herodias picata *Gld.* CCXCV. Grall.

2403—2404. Herodias orientalis *Gr. Hrdw.* CCXCV. Grall.

2405—2406. Herodias immaculata *Gld.* CCXCV. Grall.

2407. Herodias syrmatophora *Gld.* CCXCVI. Grall.

2408. Herodias modesta *Gr. Hrdw.* CCXCVI. Grall.

2409. Herodias nigrirostris *Gr. Hrdw.* CCXCVI. Grall.

2410—2411. Haematopus palliatus *T.* CCXCVII. Grall.

2412—2414. Haematopus longirostris *V.* CCXCVII. Grall.

2415—2417. Haematopus fuliginosus *Gld.* CCXCVII. Grall.

2418. Haematopus niger *T.* CCXCVII. Grall.

2419—2420. Aegialitis nigrifrons. *Cuv.* CCXCVIII. Grall.

2421—2423. Aegialitis bicinctus *Jard.* CCXCVIII. Grall.

2424—2425. Aegialitis ruficapillus *Temm.* CCXCVIII. Grall.

2426—2427. Aegialitis inornatus. *Gld.* CCXCVIII. Grall.

2428—2429. Hoplopterus ventralis *Wagl.* CCXCIX. Grall.

2430—2431. Ardea rufescens *L.* CCCLXII., Chettusia gregaria *Gr.* CCXCIX. Gr.

2432. Ard. leucophoea *Gd.* CCCLXII., Lobivanell. albiceps *St.* CCXCIX. Gr.

2433. Ard. leucoph. *Gd.* CCCLXII., Lobivan. melanoc. *Rpp.* CCXCIX. Gr.

2434. Ardetta flavicoll. *Lth.* CCCLXIII., Vanell. ptiloscel. *Gr.* CCXCIX. Gr.

2435. Herodias egrettoides *T.* CCCLXIII., Aphriza virgata *Lth.* CCC. Gr.

2436. Herod. occidentalis *Ad.* CCCLXIII., Aphriza virgata *Lth.* CCC. Gr.

2437. Herod. Egretta *Gm.* CCCLXIII., Phegornis Mitchelii *Gr.* CCC. Gr.

2438. Phegornis Mitchelii *Gr.* CCC. Grall.

2439. Oedicnemus crepitans juv. CCC. Grall.

2440—2441. Oedicnemus affinis *Rpp.* CCC. Grall.

2442—2443. Oedicnemus grallarius *Lath.* CCCI. Grall.

2444—2445. Esacus magnirostris *T.* CCCI. Grall.

2446—2448. Limosa Terek *Lath.* CCCII. Grall.

2449—2450. Limosa Novae Zealandiae *Gr.* CCCII. Grall.

2451—2452. Ardea jugularis *Forst.* CCCII. Grall.
2453. Botaurus australis *Cuv.* CCCII. Grall.
2454. Fulica gigas *Eyd. Soul.* CCCIII. Ras.
2455—2456. Fulica australis *Gld.* CCCIII. Ras.
2457. Gallinula tenebrosa *Gld.* CCCIII. Ras.
2458—2459. Tribonyx ventralis *Gld.* CCCIV. Ras.
2460. Tribonyx Mortierii *Du Bus.* CCCIV. Ras.
2461. Parra hypomelaena *Gr.* CCCIV. Ras.
2462. Parra cordiferra *Less.* CCCIV. Ras.
2463—2464. Hydrophasianus sinensis *Gm.* CCCIV. Ras.
2465—2466. Rallus pectoralis *Cuv.* CCCV. Ras.
2467—2468. Rallus brachypus *Sws.* CCCV. Ras.
2469—2470. Porzana leucophrys *Gld.* CCCV. Ras.
2471—2472. Rallina immaculata *Gld.* CCCV. Ras.
2473—2474. Rallus coerulescens *Gm.* CCCVI. Ras.
2475. Eulabeornis griseifrons *Gr.* CCCVI. Ras.
2476. Biensis madagascariensis *Verr.* CCCVI. Ras.
2477. Rallina plumbea *V.* CCCVI. Ras.
2478. Gallirallus fuscus *Du Bus.* CCCVI. Ras.
2479.
2480. Hemiphaga Novaeseelandiae *Gm.* (Abb. ?) Ras. Col.
2481. Chloroenas monilis *Vig.* (Abb. ?) Ras. Col.
2482—2483. Geotrygon cristata *T.* (Abb. ?) Ras. Col.
2484. Zenaida gallopagoënsis *Neb.* (Abb. ?) Ras. Col.
2485. Ptilinopus Du Petit Thouarsii *Neb.* (Abb. ?) Ras. Col.
2486. Phalacrotreron nudirostris *Sws.* (Abb. ?) Ras. Col.
2487. Treron crassirostris *Fras.* (Abb. ?) Ras. Col.
2488—2489. Ptilinopus jamboo *Gm.* (Abb. ?) Ras. Col.
2490. Caloenas Gouldiae *Gr. Hrdw.* (Abb. ?) Ras. Col.
2491—2492. Chamaepetes leucogastra *Gld.* CCCIX. Ras. Col.
2493—2494. Penelope boliviana *Rchb.* CCCIX. Ras. Col.
2495. Pipile pileata *Lcht.* CCCIX. Ras. Col.
2496. Megapodius Forsteri *T.* CCCIX. Ras. Col.
2497—2498. Didunculus strigirostris *Gld.* CCCIX. Ras. Col.
2499—2501. Glareola grallaria *Lath.* CCCX. Ras.
2502—2503. Tetrao Tetrix *L.* CCCX. Ras.
2504—2505. Glareola orientalis *Leach.* CCCX. Ras.
2506. Coturnix erythorhyncha *Syk.* CCCXI. Ras.
2507. Coturnix rubiginosa *Val.* CCCXI. Ras.
2508—2509. Coturnix pectoralis *Gld.* CCCXI. Ras.

2510—2511. Synoicus sordidus *Gld.* CCCXI. Ras.

2512—2513. Synoicus diemensis *Gld.* CCCXI. Ras.

2514. Ortyx Douglassii *Vig.* CCCXI. Ras.

2515—2516. Turnix maculosus *T.* (Abb. ?) Ras.

2517—2518. Turnix varius *T.* (Abb. ?) Ras.

2519—2520. Turnix scintillans *Gld.* (Abb. ?) Ras.

2521—2522. Turnix nigrifrons *V.* (Abb. ?) Ras.

2523—2524. Turnix melanogaster. *Gld.* (Abb. ?) Ras.

2525. Ptilopachus ventralis *Val.* CCCXIII. Ras.

2526. Caccabis Bonhami *Fras.* CCCXIII. Ras.

2527. Lerwa nivicola *Hodgs.* ♂ CCCXIII. Ras.

2528—2529. Perdix Hepburnii *Gr. Hrdw.* CCCXIII. Ras.

2530. Perdix oculata *T.* CCCXIII. Ras.

2531. Perdix concentrica *Gr. Hrdw.* CCCXIII. Ras.

2532. Francolinus gularis *T.* CCCXIV. Ras.

2533. Francolinus ponticerianus *Gm.* CCCXIV. Ras.

2534. Francolinus Cranchii *Leach.* CCCXIV. Ras.

2535. Francolinus longirostris *T.* CCCXIV. Ras.

2536—2537. Itaginis madagascariensis *Scop.* CCCXIV. Ras.

2538. Itaginis lunulatus *Val.* CCCXIV. Ras.

2539. Cryptonyx ferrugineus *Vig.* (Abb. ?) Ras.

2540. Polyplectron Hardwickii *Gr. Hrdwg.* (Abb. ?) Ras.

2541. Phasianus torquatus *T.* (Abb. ?) Ras.

2542. Tetraogallus Nigellii *Gr. Hrdw.* (Abb. ?) Ras.

2543. Numida mitrata *Pall.* (Abb. ?) Ras.

2544. Numida Rendallii *Og.* (Abb. ?) Ras.

2545—2546. Fregata Ariel *Gld.* CCCXVI. Nat.

2547—2548. Graculus sulcirostris *Gr.* CCCXVI. Nat.

2549—2550. Graculus carboides *Gr.* CCCXVI. Nat.

2551—2552. Phaëthon phoenicurus *Gm.* CCCXVI. Nat.

2553. Graculus glaucus *Gr.* CCCXVII. Nat.

2554. Mergus australis *Gr.* CCCXVII. Nat.

2555. Anas maxima *Gosse.* CCCXVII. Nat.

2556. Pterocyanea inornata fem. *Gr.* CCCXVII. Nat.

2557—2559. Tringa crassirostris *T.* CCCXVIII. Grall.

2560—2561. Totanus pulverulentus *T.* CCCXVIII. Grall.

2562. Totanus niger *Hombr.* CCCXVIII. Grall.

2563. Scolopax solitaria *T.* CCCXIX. Grall.

2564. Numenius major *T.* CCCXIX. Grall.

2565. Numenius minor *T.* CCCXIX. Grall.

2566—2567. Botaurus Goisagi *T.* CCCXX. Grall.
2568. Ardea leucogastra *Lath.* CCCXX. Grall.
2569. Ibis Nippon *T.* CCCXX. Grall.
2570. Pluvianellus sociabilis *Hombr.* CCCXXI. Grall.
2571. Charadrius pluvialis orientalis *T.* CCCXXI. Grall.
2572. Lobivanellus inornatus *T.* CCCXXI. Gr., Crex lug. *R.* CCCXXII. Rs.
2573. Crex lugubris *Rchb.* CCCXXII. Ras.
2574. Crex minuta *Lath.* CCCXXII. Ras.
2575—2576. Rallus indicus *Verr.* CCCXXII. Ras.
2577. Rallina concolor *Gosse.* CCCXXII. Ras.
2578—2579. Dendrotreron Hodgsonii *Vig.* (Abb. ?) Ras. Col.
2580. Palumbus Elphinstonii *Fras.* (Abb. ?) Ras. Col.
2581. Patagioenas corensis *Gm.* (Abb. ?) Ras. Col.
2582. Chloroenas inornata *Vig.* (Abb. ?) Ras. Col.
2583—2584. Chloroenas rufina *T.* (Abb. ?) Ras. Col.
2585. Turtur rupicola *Pall.* (Abb. ?) Ras. Col.
2586. Ptilonopus Mariae *H. J.* (Abb. ?) Ras. Col.
2587. Thouarsitreron Dupetitthouarsii *Néb.* (Abb. ?) Ras. Col.
2588. Ptilonopus Clementinae *H. J.* (Abb. ?) Ras. Col.
2589. Ptilinopus Feliciae *H. J.* CCCXXV. Ras. Col.
2590. Metriopeleia plumbea *Gosse.* CCCXXV. Ras. Col.
2591—2592. Sphenocercus Sieboldii *T.* CCCXXV. Ras. Col.
2593. Chalcopeleia puella *Schl.* CCCXXV. Ras. Col.
2594. Chrysoenas luteovirens *H. J.* CCCXXV. Ras. Col.
2595. Chalcophaps Stephani *H. J.* CCCXXVI. Ras. Col.
2596. Phlegoenas crinigera *Bp.* CCCXXVI. Ras. Col.
2597. Phlegoenas rufigula *Bp.* CCCXXVI. Ras. Col.
2598. Trugon terrestris *H. J.* CCCXXVI. Ras. Col.
2599. Geotrygon cristata *Gr.* CCCXXVI. Ras. Col.
2600. Puffinus assimilis *Gld.* CCCXXVII. Nat.
2601. Puffinus carneipes *Gld.* CCCXXVII. Nat.
2602—2603. Puffinus sphenurus *Gld.* CCCXXVII. Nat.
2604. Procellaria hasitata *Kuhl.* CCCXXVII. Nat.
2605. Procellaria Lessonii *Garn.* CCCXXVII. Nat.
2606—2607. Procellaria mollis *Gld.* CCCXXVIII. Nat.
2608—2609. Procellaria glacialoides *Sm.* CCCXXVIII. Nat.
2610—2611. Procellaria conspicillata *Gld.* CCCXXVIII. Nat.
2612. Procellaria gigantea *Gm.* CCCXXVIII. Nat.
2613. Diomedea fuliginosa *Gm.* CCCXXIX. Nat.
2614. Diomedea culminata *Gld.* CCCXXIX. Nat.

2615—2616. Diomedea brachyura *T.* CCCXXIX. Nat.
2617.
2618—2619. Gygis candida *Wgl.* CCCXXX. Nat.
2620—2621. Anous cinereus *Gld.* CCCXXX. Nat.
2622. Hydrochelidon fluviatilis *Gld.* CCCXXX. Nat.
2623. Rhynchops melanura *Sw.* CCCXXXI. Nat.
2624. Anous melanogenys *Gr.* CCCXXXI. Nat.
2625—2626. Sterna Torresii *Gld.* CCCXXXI. Nat.
2627—2628. Sterna poliocerca *Gld.* CCCXXXI. Nat.
2629—2630. Sterna pelecanoides *Gld.* CCCXXXI. Nat.
2631—2632. Sterna melanorhyncha *Gld.* CCCXXXII. Nat.
2633—2634. Sterna gracilis *Gld.* CCCXXXII. Nat.
2635—2637. Sterna serrata *Forst.* CCCXXXII. Nat.
2638—2639. Sterna panaya *Lath.* CCCXXXII. Nat.
2640. Larus islandicus *Edm.* CCCXXXIII. Nat.
2641. Lestris antarctica *Less.* CCCXXXIII. Nat.
2642—2643. Larus Jamesonii *Gld.* CCCXXXIII. Nat.
2644. Graculus Desmarestii *Gr.* CCCXXXIV. Nat.
2645—2646. Graculus cristatus *Fabr.* CCCXXXIV. Nat.
2647. Graculus Linnaei *Gr.* CCCXXXIV. Nat.
2648—2649. Plotus Novae Hollandiae *Gld.* CCCXXXIV. Nat.
2650—2651. Dendrocygna arcuata (australis) *Gld.* CCCXXXV. Nat.
2652. Querquedula angustirostris *Bp.* CCCXXXV. Nat.
2653. Erismatura ortygioides *Gosse.* CCCXXXV. Nat.
2654. Anseranas melanoleuca *Less.* CCCXXXV. Nat.
2655—2656. Actitis empusa *Gld.* CCCXXXVI. Grall.
2657. Schoeniclus magnus *Gld.* CCCXXXVI. Grall.
2658—2660. Schoeniclus albescens *Gld.* CCCXXXVI. Grall.
2661—2662. Limosa uropygialis *Gld.* CCCXXXVI. Grall.
2663—2664. Botaurus australis *Gld.* CCCXXXVII. Grall.
2665—2666. Ardetta pusilla *V.* CCCXXXVII. Grall.
2667—2668. Ardetta stagnatilis *Gld.* CCCXXXVII. Grall.
2669—2670. Ardetta macrorhyncha *Gld.* CCCXXXVIII. Grall.
2671. Ardea rectirostris *Gld.* CCCXXXVIII. Grall.
2672. Herodias Greyi *Gld.* CCCXXXIX. Grall.
2673—2674. Herodias jugularis *Forst.* CCCXXXIX. Grall.
2675. Herodias pannosa *Gld.* CCCXXXIX. Grall.
2676. Herodias plumifera *Gld.* CCCXXXIX. Grall.
2677—2678. Aegialitis monachus *Geoffr.* CCCXL. Grall.
2679—2680. Charadrius veredus *Gld.* CCCXL. Grall.

2681—2682. Charadrius xanthocheilus *Wagl.* CCCXL. Grall.
2683—2684. Squatarola helvetica australis *Gld.* CCCXL. Grall.
2685—2686. Tribonyx Mortierii *Du Bus.* CCCXLI. Ras.
2687—2688. Porphyrio melanotus *T.* CCCXLI. Ras.
2689—2690. Rallus Lewinii *Sws.* CCCXLII. Ras.
2291. Grus australasiana *Gld.* CCCXLII. Ras.
2692—2693. Apteryx Owenii *Gld.* CCCXLIII. Ras.
2694—2699. Dromaius Novae Hollandiae *V.* CCCXLIII. Ras.
2700.
2701—2702. Phaleris camtschatica *Brdt.* CCCXLV. Nat.
2703. Phaleris tetracula *T.* CCCXLV. Nat.
2704—2705. Phaleris nodirostra *Bp.* CCCXLV. Nat
2706—2707. Chimerina monocerata *Gr.* CCCXLV. Nat.
2708—2709. Brachyrhamphus Wumizusume *T.* CCCXLV. Nat.
2710—2714. Brachyrhamphus antiquus *Brdt.* CCCXLV. Nat.
2715—2720. Brachyrhamphus marmoratus *Brdt.* CCCXLV. Nat.
2721—2722. Thalassidroma Leachii *T.* CCCXLVI. Nat.
2723—2724. Thalassidroma Wilsonii *Bp.* CCCXLVI. Nat.
2725—2726. Thalassidroma pelagica *Vig.* CCCXLVI. Nat.
2727. Thalassidroma columbina *Webb.* CCCXLVI. Nat.
2728. Sterna Havellii *Aud.* CCCXLVII. Nat.
2729. Sterna Trudeaui *Aud.* CCCXLVII. Nat.
2730—2731. Larus (Xema) Sabinii *Leach.* CCCXLVII. Nat.
2732—2735. Larus Bonapartii *Richds.* CCCXLVIII. Nat.
2736—2737. Larus zonorhynchus *Richds.* CCCXLVIII. Nat.
2738—2739. Larus melanurus *T. Schlg.* CCCXLVIII. Nat.
2740—2741. Graculus bicristatus *T.* CCCXLIX. Nat.
2742—2743. Graculus magellanicus *Gr.* CCCXLIX. Nat.
2744—2745. Graculus capillatus *T.* CCCXLIX. Nat.
2746—2749. Graculus americanus *Aud.* CCCL. Nat.
2750. Graculus violaceus *Gr.* CCCL. Nat.
2751. Graculus floridanus *Aud.* CCCL. Nat.
2752. Graculus Townsendii *Aud.* CCCL. Nat.
2753. Graculus dilophus *Gr.* CCCL. Nat.
2754—2755. Fuligula rufitorques *Bp.* CCCLI. Nat.
2756—2757. Fuligula mariloides *Vig.* CCCLI. Nat.
2758—2760. Fuligula Valisneriana *Wils.* CCCLI. Nat.
2761—2762. Fuligula americana *Nutt.* CCCLI. Nat.
2763. Anas poecilorhyncha hybrida *T.* CCCLII. Nat.
2764—2765. Anas obscura *Gm.* CCCLII. Nat.

52   Spec. Ornithologie: 2766—2831.

2766—2767. Anas chalcoptera *Kittl.* CCCLII. Nat.
2768. Dendrocygna major *Jerd.* CCCLII. Nat.
2769—2770. Querquedula carolinensis *Steph.* CCCLII. Nat.
2771. Anas Breweri *Aud.* CCCLII. Nat.
2772. Anser Hutchinsii *Rchds.* CCCLIII. Nat.
2773. Cygnopsis ferus *T.* CCCLIII. Nat.
2774. Cygnus americanus *Aud.* CCCLIII. Nat.
2775—2776. Cygnus buccinator *Rchds.* CCCLIII. Nat.
2777. Haematopus palliatus *T.* CCCLIV. Grall.
2778. Haematopus Townsendii *Aud.* CCCLIV. Grall.
2779. Haematopus Bachmanni *Aud.* CCCLIV. Grall.
2780. Scolopax saturata *Horsf.* CCCLIV. Grall.
2781. Scolopax (Telmatias) nemoricola *Hodgs.* CCCLIV. Grall.
2782—2783. Scolopax (Telmatias) gallinago var. capensis CCCLV. Grall.
2784—2785. Scolopax (Telmatias) uniclavata *Hodgs.* CCCLV. Grall.
2786—2787. Scolopax (Telmatias) australis *Gld.* CCCLV. Grall.
2788—2789. Scolopax (Telmatias) frenata *Ill.* CCCLVI. Grall.
2790—2792. Scolopax (Telmatias) Wilsonii *T.* CCCLVI. Grall.
2793—2795. Macrorhamphus griseus *Leach.* CCCLVI. Grall.
2796.
2797.
2798—2799. Hemipalama multistriata *Gr.* CCCLVII. Grall.
2800—2802. Tringa pectoralis *Say.* CCCLVII. Grall.
2803—2805. Tringa rufescens *V.* CCCLVII. Grall.
2806—2808. Catoptrophorus semipalmatus *Gr.* CCCLVIII. Grall.
2809—2810. Totanus solitarius *Wils.* CCCLVIII. Grall.
2811—2812. Actiturus macularius *L.* CCCLVIII. Grall.
2813—2814. Limosa hudsonia *Lath.* CCCLVIII. Grall.
2815—2816. Numenius longirostris *Wils.* CCCLIX. Grall.
2817. Numenius hudsonius *Lath.* CCCLIX. Grall.
2818—2819. Numenius borealis *Lath.* CCCLIX. Grall.
2820—2821. Numenius minutus *Gld.* CCCLX. Grall.
2822—2823. Numenius uropygialis *Gld.* CCCLX. Grall.
2824. Numenius australis *Gld.* CCCLX. Grall.
2825—2826. Ibis alba *L.* CCCLXI. Grall.
2827. Tantalus loculator *L.* CCCLXI. Grall.
2828. Platalea maior *T.* CCCLXI. Grall.
2829. Platalea minor *T.* CCCLXI. Grall.
2830.
2831.

2832.
2833.
2834.
2835.
2836.
2837.
2838—2839. Aphriza Townsendi *Aud.* CCCLXIV. Grall.
2840—2841. Aegialitis pyrrhothorax *T.* CCCLXIV. Grall.
2842—2843. Aegialitis melodus *Ord.* CCCLXIV. Grall.
2844—2845. Aegialitis semipalmatus *Kp.* CCCLXIV. Grall.
2846. Aegialitis montanus *Towns.* CCCLXIV. Grall.
2847—2848. Aegialitis Wilsonius *Bp.* CCCLXIV. Grall.
2849. Fulica atra japonica *T.* CCCLXV. Ras.
2850—2851. Porzana jamaicensis *Aud.* CCCLXV. Ras.
2852—2853. Rallus elegans *Aud.* CCCLXV. Ras.
2854. Porzana noveboracensis *Lath.* CCCLXV. Ras.
2855—2856. Balearica regulorum *Lchst.* CCCLXVI. Ras.
2857. Grus monacha *T.* CCCLXVI. Ras.
2858. Grus longirostris *T.* CCCLXVI. Ras.
2859—2860. Grus leucogeranos *Pall.* CCCLXVII. Ras.
2861—2862. Grus americana *Forst.* CCCLXVII. Ras.
2863—2864. Columba leucocephala *L.* CCCLXXVI. Ras. Col.
2865—2866. Chloroenas fasciata *Say.* CCCLXXVI. Ras. Col.
2867—2868. Zenaida amabilis *Bp.* CCCLXXVI. Ras. Col.
2869. Melopeleia leucoptera *L.* CCCLXXVI. Ras. Col.
2870—2871. Peristera Geoffroyi *T.* CCCLXIX. Ras. Col.
2872—2873. Haplopeleia simplex *Hartl.* CCCLXIX. Ras. Col.
2874. Osmotreron bicincta *Jerd.* CCCLXIX. Ras. Col.
2875—2878. Pyrgitoenas passerina *L.* CCCLXIX. Ras. Col.
2879—2881. Starnoenas cyanocephala *L.* CCCLXIX. Ras. Col.
2882—2883. Oreopeleia montana *Lath.* CCCLXIX. Ras. Col.
2884—2885. Perdix Hepburnii *Gr. Hrdw.* CCCLXX. Ras.
2886—2887. Callipepla plumifera *Gld.* CCCLXX. Ras.
2888. Eupsychortyx cristatus *Gld.* CCCLXX. Ras.
2889—2894. Ortyx virginianus *L.* CCCLXX. Ras.
2895. Turnyx nigricollis *Gm.* CCCLXXXVIII. Ras.
2896—2897. Coturnix histrionica *Hartl.* CCCLXXI. Ras.
2898—2900. Coturnix vulg. japonica *T.* CCCLXXI. Ras.
2901—2902. Francolinus longirostris *T.* CCCLXXI. Ras.
2903. Perdix personata *Hrsf.* CCCLXXI. Ras.

2904. Itaginis lunulatus *Wagl.* CCCLXXI. Ras.

2905.

2906—2907. Pterocles fasciatus *Scop.* (Abb.?) Ras.

2908—2911. Tetrao canadensis *L.* (Abb.?) Ras.

2912—2913. Tetrao obscurus *Say.* (Abb.?) Ras.

2914. Lagopus leucurus *Sws.* (Abb.?) Ras.

2915—2921. Lagopus albus *Gm.* (Abb.?) Ras.

2922—2923. Lagopus Reinhardtii *Holb.* (Abb.?) Ras.

2924—2927. Lagopus rupestris *Lath.* (Abb.?) Ras.

2928. Lagopus americanus *Aud.* (Abb.?) Ras.

2929. Lagopus brachydactylus *T.* (Abb.?) Ras.

2930—2931. Thaumalea picta *Wagl.* CCCLXXIV. Ras.

2932—2933. Alectrophasis melanonotus *Blyth.* CCCLXXIV. Ras.

2934. Eupodotis aurita *Gr.* CCCLXXIV. Ras.

2935—2936. Spheniscus chiloënsis *Gr.* CCCLXXV. Nat.

2937—2939. Cepphus Carbo *Pall.* CCCLXXV. Nat.

2940. Podiceps dominicus *L.* CCCLXXV. Nat.

2941. Podiceps rubricollis major *T.* CCCLXXV. Nat.

2942—2944. Graculus Desmarestii *Gr.* CCCLXXVI. Nat.

2945—2946. Plotus Anhinga *L.* CCCLXXVI. Nat.

2947. Casarca leucoptera *Blyth.* CCCLXXVI. Nat.

2948—2949. Podica personata *Gr.* CCCLXXVII. Ras.

2950. Fulica americana *Gm.* CCCLXXVII. Ras.

2951—2952. Notornis Mantellii *Ow.* CCCLXXVII. Ras.

2953—2954. Glareola melanoptera *Nordm.* CCCLXXVIII. Ras.

2955. Cursorius rufus *Gld.* CCCLXXVIII. Ras.

2956. Numida vulturina *Hrdw.* CCCLXXVIII. Ras.

2957—2958. Ortyx cubanensis *Gld.* CCCLXXIX. Ras.

2959—2960. Ortyx castaneus *Gld.* CCCLXXIX. Ras.

2961—2963. Ortyx nigrogularis *Gld.* CCCLXXIX. Ras.

2964—2966. Ortyx pectoralis *Gld.* CCCLXXX. Ras.

2967—2968. Ortyx coyolcos *Gr.* CCCLXXX. Ras.

2969—2970. Cyrtonix Massena *Less.* CCCLXXXI. Ras.

2971—2973. Cyrtonix ocellatus *Gld.* CCCLXXXI. Ras.

2974—2975. Eupsychortyx cristatus *Gld.* CCCLXXXII. Ras.

2976—2977. Eupsychortyx Sonninii *T.* CCCLXXXII. Ras.

2978—2980. Eupsychortyx leucotis *Gld.* CCCLXXXII. Ras.

2981—2982. Eupsychortyx parvicristatus *Gld.* CCCLXXXIII. Ras.

2983—2984. Eupsychortyx leucopogon *D. Murs.* CCCLXXXIII. Ras.

2985—2986. Philortyx fasciatus *Gld.* CCCLXXXIII. Ras.

2987. Dendrortyx macrourus *J. S.* CCCLXXXIV. Ras.
2988—2989. Dendrortyx leucophrys *Gld.* CCCLXXXIV. Ras.
2990—2991. Dendrortyx barbatus *Lcht.* CCCLXXXIV. Ras.
2992—3000. Odontophorus guianensis *Gm.* CCCLXXXV. Ras.
3001—3002. Odontophorus pachyrhynchus *Tsch.* CCCLXXXV. Ras.
3003—3004. Odontophorus speciosus *Tsch.* CCCLXXXV. Ras.
3005—3006. Odontophorus dentatus *T.* CCCLXXXVI. Ras.
3007—3008. Odontophorus stellatus *Gld.* CCCLXXXVI. Ras.
3009—3010. Odontophorus guttatus *Gld.* CCCLXXXVI. Ras.
3011—3012. Odontophorus Balliviani *Gld.* CCCLXXXVII. Ras.
3013—3015. Odontophorus columbianus *Gld.* CCCLXXXVII. Ras.
3016—3017. Odontophorus Strophium *Gld.* CCCLXXXVIII. Ras.
3018—3019. Odontophorus lineolatus *Lcht.* CCCLXXXVIII. Ras.
3020—3021. Syrrhaptes thibetanus *Gld.* CCCLXXXIX. Ras.
3022—3023. Pterocles exustus *T.* CCCLXXXIX. Ras.
3024—3025. Pterocles fasciatus *Scop.* CCCLXXXIX. Ras.
3026. Glareola nuchalis *Gr.* CCCLXXXIX. Ras.
3027—3030. Callipepla picta *Gld.* CCCXC. Ras.
3031—3032. Callipepla Gambellii *Gld.* CCCXC. Ras.
3033—3034. Callipepla elegans *Gld.* CCCXC. Ras.
3035—3037. Callipepla squamata *Gr.* CCCXC. Ras.
3038—3042. Alcedo ispida *L.* CCCXCII. Inv.
3043—3046. Alcedo Pallasii *Rchb.* CCCXCII. u. CCCXCIII. Inv.
3047. Alcedo bengalensis *Gm.* CCCXCIII. Inv.
3048—3049. Alcedo japonica *T. S.* CCCXCIII. Inv.
3050—3051. Alcedo Meninting *Horsf.* CCCXCIV. Inv.
3052—3053. Alcedo Biru *Horsf.* CCCXCIV. Inv.
3054—3055. Alcedo semitorquata *Sw.* CCCXCV. Inv.
3056. Ispidina leucogastra *Fras.* CCCXCV. Inv.
3057—3058. Corythornis cyanostigma *Rpp.* CCCXCV. Inv.
3059. Alcedo vintsioides juv. *Eyd.*, Coryth. vints *Kp.* CCCXCVI. Inv.
3060. Alcyone cyanipectus *Lafr.* CCCXCVI. Inv.
3061—3062. Ispidina picta *Bdd.* CCCXCVII. Inv.
3063. Corythornis coeruleocephala *Gm.* CCCXCVII. Inv.
3064—3065. Alcyone azurea *Gr.* CCCXCVII. Inv.
3066. Ceyx lepida *T.* CCCXCVIII. Inv.
3067. Alcyone solitaria *Gr.* CCCXCVIII. Inv.
3068—3069. Alcyone pusilla *Gld.* CCCXCVIII. Inv.
3070. Ceyx rufidorsa *Strickl.* CCCXCVIII. Inv.
3071. Ceyx purpurea *Gm.* CCCXCVIII. Inv.

3072—3073. Ramphalcyon capensis *L.* CCCXCIX. Inv.

3074. Hylcaon melanorhyncha *T.* CCCXCIX. Inv.

3075. Ramphalcyon gurial *Pears.* CCCXCIX. Inv.

3076. Halcyon cinereifrons *V.* CCCC. Inv.

3077. Halcyon senegalensis *L.* CCCC. Inv.

3078—3079. Halcyon irrorata *Rchb.* CCCC. u. CCCCI. Inv.

3080—3081. Entomothera pileata *Bdd.* CCCCI. Inv.

3082. Entomothera gularis *Kuhl.* CCCCI. Inv.

3083—3084. Halcyon rufiventris *Sw.* CCCCII. Inv.

3085. Halcyon semicoerulea *Forsk.* CCCCII. Inv.

3086. Halcyon cancrophaga *Lath.* CCCCII. Inv.

3087. Entomothera melanoptera *Horsf.* CCCCIV. Inv.

3088—3089. Entomothera fusca *Bdd.* CCCCIV. Inv.

3090—3091. Callialcyon Schlegelii *Bp.* CCCCV. Inv.

3092. Callialcyon coromanda *Lath.* CCCCV. Inv.

3093—3094. Tanysiptera nympha *Gr.* CCCCVI. Inv.

3095—3096. Tanysiptera Sylvia *Gld.* CCCCVI. Inv.

3097. Ceryle rudis *L.* CCCCVIII. Inv.

3098. Ceryle bicincta *Sw.* CCCCVIII. Inv.

3099—3100. Ceryle lugubris *T.* CCCCVIII. Inv.

3101—3102. Megaceryle maxima *Pall.* CCCCIX. Inv.

3103. Megaceryle gigantea *Sws.* CCCCIX. Inv.

3104. Ceryle guttata *Vig.* CCCCX. Inv.

3105. Megaceryle stellata *Mey.* CCCCX. Inv.

3106. Megaceryle torquata *Gm.* CCCCXI. Inv.

3107. Megaceryle caesia *Rchb.* CCCCXI. Inv.

3108—3109. Megaceryle Alcyon *L.* CCCCXII. Inv.

3110—3111. Chloroceryle amazona *Kp.* CCCCXII. Inv.

3112—3115. Chloroceryle americana *Lath.* CCCCXIII. Inv.

3116—3117. Chloroceryle leucosticta *Rchb.* CCCCXIV. Inv.

3118—3119. Chloroceryle bicolor *Gm.* CCCCXIV. Inv.

3120—3121. Chloroceryle chalcites *Rchb.* CCCCXV. Inv.

3122—3123. Chloroceryle superciliosa *L.* CCCCXV. Inv.

3124. Chloroceryle supercil. *L.,* Todir. Mackleyi *J.* CCCCXVI. Inv.

3125. Todiramphus Mackleyi *Jard.* CCCCXVI. Inv.

3126. Todiramphus lazuli *T.* CCCCXVI. Inv.

3127. Todiramphus diops *T.* CCCCXVI. Inv.

3128. Todiramphus chlorocephala *Gm.* CCCCXVII. Inv.

3129. Todiramphus collaris *Scop.* CCCCXVII. Inv.

3130. Todiramphus albicilla *Cuv.* CCCCXVII. Inv.

3131—3133. Todiramphus sancta *Vig. Horsf.* CCCCXVIII. Inv.
3134—3135. Todiramphus superciliosa *Gr.* CCCCXVIII. Inv.
3136—3137. Todiramphus sordida *Gld.* CCCCXIX. Inv.
3138—3139. Todiramphus vagans *Less.* CCCCXIX. Inv.
3140. Todiramphus cinnamomina *Sws.* CCCCXX. Inv.
3141. Todiramphus pyrrhopygia *Gld.* CCCCXX. Inv.
3142. Paralcyon coronata *Müll.* CCCCXX. Inv.
3143—3144. Paralcyon Lindsayi *Vig.* CCCCXXI. Inv.
3145—3146. Paralcyon concreta *T.* CCCCXXII. Inv.
3147. Actenoides Hombroni *Bp.* CCCCXXII. Inv.
3148—3149. Todiramphus sacra *Gm.* CCCCXXIII. Inv.
3150—3151. Todiramphus divina *Less.* CCCCXXIII. Inv.
3152—3153. Chelicutia fuscicapilla *Lafr.* CCCCXXIV. Inv.
3154. Chelicutia pygmaea *Cretz.* CCCCXXIV. Inv.
3155. Chelicutia striolata *Lcht.* CCCCXXIV. Inv.
3156. Monachalcyon Gaudichaudii *Q. G.* CCCCXXV. Inv.
3157. Monachalcyon princeps *Forst.* CCCCXXV. Inv.
3158. Ramphalcyon gurial *Rchb.* CCCCXXVI. Inv.
3159—3160. Dacelo Leachii *Vig. Hrsf.* CCCCXXVI. Inv.
3161—3163. Dacelo gigas *Bdd.* CCCCXXVII. Inv.
3164—3165. Dacelo cervina *Gld.* CCCCXXVIII. Inv.
3166—3167. Melidora macrorhina *Less.* CCCCXXVIII. Inv.
3168—3169. Lacedo pulchella *Hrsf.* CCCCXXIX. Inv.
3170. Cittura cyanotis *T.* CCCCXXIX. Inv.
3171—3172. Syma flavirostris *Gld.* CCCCXXX. Inv.
3173. Syma torotoro *Less.* CCCCXXX. Inv.
3174—3175. Alcedo euryzona *T.* CCCCIII. Inv.
3176—3177. Corythornis cristata *L.* CCCCIII. Inv.
3178. CCCCIII. Inv.
3179—3180. Coracias garrula *L.* CCCCXXXI. Inv.
3181. Coracias abyssinica *Gm.* CCCCXXXI. Inv.
3182. Coracias caudata *L.* CCCCXXXII. Inv.
3183. Coracias cyanogastra *Cuv.* CCCCXXXII. Inv.
3184. Cor. cyan. *C.* CCCCXXXII. u. C. pilosa *Lth.* CCCCXXXIII. Inv.
3185. Coracias indica *L.* CCCCXXXIII. Inv.
3186. Coracias affinis *Mc Clell.* CCCCXXXIV. Inv.
3187. Coracias Temminckii *V.* CCCCXXXIV. Inv.
3188. Coracias senegalensis *Gm.* CCCCXXXV. Inv.
3189. Coracias viridis *Cuv.* CCCCXXXV. Inv.
3190. Coracias madagascariensis *Rchb.* CCCCXXXV. Inv.

3191—3192. Brachypteracias leptosomus *Lafr.* CCCCXXXVI. Inv.
3193. Atelornis pittoides *Lafr.* CCCCXXXVI. Inv.
3194. Atelornis squamigera *Lafr.* CCCCXXXVI. Inv.
3195—3196. Eurystomus orientalis *L.* CCCCXXXVII. Inv.
3197. Eurystomus cyanicollis *V.* CCCCXXXVII. Inv.
3198—3199. Eurystomus pacificus *Lath.* CCCCXXXVII. Inv.
3200. Colaris madagascariensis *Gm.* CCCCXXXVIII. Inv.
3201—3202. Colaris afra *Cuv.* CCCCXXXVIII. Inv.
3203. Colaris gularis *V.* CCCCXXXVIII. Inv.
3204.
3205—3206. Corydon sumatranus *Rffl.* CCCCXXXIX. Inv.
3207—3208. Psarisomus Dalhousiae *James.* CCCCXXXIX. Inv.
3209—3210. Cymbirhynchus macrorhynchus *Lath.* CCCCXL. Inv.
3211—3212. Peltops Blainvillei *Less.* CCCCXL. Inv.
3213—3214. Eurylaimus javanicus *Hrsf.* CCCCXLI. Inv.
3215—3216. Eurylaimus ochromelas *Rffl.* CCCCXLI. Inv.
3217—3218. Sericolophus lunatus *Gld.* CCCCXLII. Inv.
3219. Sericoloph. erythropygius (rubropygius) *Hodg.* CCCCXLII. Inv.
3220—3222. Merops Apiaster *L.* CCCCXLIII. Inv.
3223—3224. Merops Urica *Hrsf.* CCCCXLIII. Inv.
3225—3226. Merops Savignyi *Le Vaill.* CCCCXLIV. Inv.
3227—3228. Merops javanicus *Hrsf.* CCCCXLIV. Inv.
3229—3230. Merops viridissimus *Sw.* CCCCXLV. Inv.
3231—3232. Merops viridis *L.* CCCCXLV. Inv.
3233—3234. Merops ornatus *Lath.* CCCCXLVI. Inv.
3235—3236. Merops hirundinaceus *V.* CCCCXLVI. Inv.
3237. Merops Sonninii *Le Vaill.* CCCCXLVII. Inv.
3238. Merops variegatus *V.* CCCCXLVII. Inv.
3239. Merops Lafresnayi *Guér.* CCCCXLVII. Inv.
3240—3241. Merops erythropterus *Gm.* CCCCXLVII. Inv.
3242. Merops superciliosus *L.* CCCCXLVIII. Inv.
3243. Merops Adansonii *Le Vaill.* CCCCXLVIII. Inv.
3244. Merops badius *Gm.* CCCCXLIX. Inv.
3245. Merops hypoglaucus *R.* CCCCXLIX. Inv.
3246—3247. Merops albicollis *V.* CCCCXLIX. Inv.
3248—3249. Merops Bullockioides *Sm.* CCCCL. Inv.
3250—3251. Merops Bullockii *V.* CCCCL. Inv.
3252—3253. Merops natalensis *R.* (nubicoides *D. Murs.*) CCCCLI. Inv.
3254—3255. Merops nubicus *Gm.* CCCCLI. Inv.
3256—3257. Merops bicolor *Daud.* CCCCLII. Inv.

3258—3259. Merops gularis *Lath.* CCCCLII. Inv.
3260—3261. Nyctiornis amictus *Sws.* CCCCLIII. Inv.
3262—3263. Nyctiornis Athertoni *Hdg.* CCCCLIII. Inv.
    3264. Alcyonides leucotis *D. Murs.* CCCCLIV. Inv.
3265—3266. Jacamaralcyon tridactyla *V.* CCCCLIV. Inv.
3267—3268. Galbula chalcoptera *Rchb.* CCCCLV. Inv.
    3269. Galbula albigularis *Spix.* CCCCLV. Inv.
3270—3271. Galbula albirostris *Lath.* CCCCLV. Inv.
3272—3273. Galbula viridis *Lath.* CCCCLVI. Inv.
3274—3275. Galbula ruficauda *Sw.* CCCCLVI. Inv.
3276—3277. Galbula macroura *V.* CCCCLVII. Inv.
    3278. Galbula tombacea *Spix.* CCCCLVII. Inv.
    3279. Galbula leucogastra *V.* CCCCLVIII. Inv.
3280—3281. Galbula paradisea *L.* CCCCLVIII. Inv.
3282—3283. Jacamerops grandis *Cuv.* CCCCLIX. Inv.
    3284. Jacamerops Boërsii *Ranz.* CCCCLIX. Inv.
3285—3286. Zosterops Vaillantii *R.* CCCCLX. Inv.
    3287. Zosterops chloronotos *V.* CCCCLX. Inv.
    3288. Zosterops senegalensis *Bp.* CCCCLX. Inv.
    3289. Zosterops madagascariensis *Br.* CCCCLX. Inv.
    3290. Zosterops borbonica *Br.* CCCCLX. Inv.
    3291. Speirops chloronotos *V.?* CCCCLX. Inv.
3292—3293. Zosterops capensis *Sund.* CCCCLX. Inv.
    3294. Zosterops Meyeni *Bp.* CCCCLXI. Inv.
    3295. Zosterops conspicillata *Kittl.* CCCCLXI. Inv.
    3296. Zosterops japonica *T. Schl.* CCCCLXI. Inv.
    3297. Zosterops parvula *H. J.* CCCCLXI. Inv.
    3298. Zosterops albiventris *H. J.* CCCCLXI. Inv.
    3299. Zosterops obscura *H. J.* CCCCLXI. Inv.
3300—3301. Zosterops palpebrosa *T.* CCCCLXII. Inv.
    3302. Zosterops westernensis *Q. G.* CCCCLXII. Inv.
3303—3305. Zosterops rubricapilla *Wils.* CCCCLXII. Inv.
    3306. Zosterops lugubris *Hartl.* CCCCLXII. Inv.
    3307. Zosterops frontalis *Rchb.* CCCCLXIII. Inv.
3308—3309. Zosterops lateralis *Lath.* CCCCLXIII. Inv.
3310—3311. Zosterops Gouldii *Bp.* CCCCLXIII. Inv.
3312—3313. Zosterops lutea *Gld.* CCCCLXIII. Inv.
3314—3315. Phyllornis Hardwickii *Blyth.* CCCCLXIV. Inv.
3316—3317. Phyllornis aurifrons *T.* CCCCLXIV. Inv.
    3318. Phyllornis cyanopogon *T.* CCCCLXIV. Inv.

3319. Phyllornis icterocephala *T.* CCCCLXIV. Inv.
3320—3321. Phyllornis Sonnerati *J. S.* CCCCLXV. Inv.
3322—3323. Phyllornis Jerdoni *Blyth.* CCCCLXV. Inv.
3324—3325. Phyllornis cochinchinensis *Boie.* CCCCLXV. Inv.
3326—3327. Ptilotis leucotis *Lath.* CCCCLXVI. Inv.
3328—3329. Ptilotis flavigula *Gld.* CCCCLXVI. Inv.
3330—3331. Ptilotis chrysotis *Lath.* CCCCLXVI. Inv.
3332. Ptilotis analoga *H. J.* CCCCLXVII. Inv.
3333—3334. Ptilotis fusca *Gld.* CCCCLXVII. Inv.
3335—3336. Ptilotis ornata *Gld.* CCCCLXVII. Inv.
3337—3338. Ptilotis plumula *Gld.* CCCCLXVIII. Inv.
3339—3340. Ptilotis penicillata *Gld.* CCCCLXVIII. Inv.
3341—3342. Ptilotis chrysops *Lath.* CCCCLXVIII. Inv.
3343—3344. Ptilotis sonora *Gld.* CCCCLXIX. Inv.
3345—3346. Ptilotis cratitia *Gld.* CCCCLXIX. Inv.
3347—3348. Ptilotis versicolor *Gld.* CCCCLXIX. Inv.
3349—3350. Ptilotis flavescens *Gld.* CCCCLXX. Inv.
3351—3352. Ptilotis flava *Gld.* CCCCLXX. Inv.
3353—3354. Ptilotis auricomis *Gld.* CCCCLXX. Inv.
3355—3356. Stomiopera unicolor *Gld.* CCCCLXXI. Inv.
3357—3358. Ptilotis filigera *Gld.* CCCCLXXI. Inv.
3359. Carpophaga aenea *L.* (Abb.?) Ras. Col.
3360. Ducula Paulina *T.* (Abb.?) Ras. Col.
3361. Erythraena pulcherrima *Scop.* (Abb.?) Ras. Col.
3362. Patagioenas caribaea *L.* (Abb.?) Ras. Col.
3363. Craspedoenas auricularis *T.* (Abb.?) Ras. Col.
3364. Jonotreron Rivolii *Prév.* (Abb.?) Ras. Col.
3365. Drepanoptila holosericea *T.* (Abb.?) Ras. Col.
3366. Lamprotreron superba *T.* (Abb.?) Ras. Col.
3367. Ptilonopus viridissimus *Bp.* (Abb.?) Ras. Col.
3368. Treron psittacea *T.* (Abb.?) Ras. Col.
5369. Osmotreron fulvicollis *Wagl.* (Abb.?) Ras. Col.
3370. Phalacrotreron calva *T.* (Abb.?) Ras. Col.
3371—3372. Vinago australis *Cuv.* (Abb.?) Ras. Col.
3373. Columba auricularis *T.* (Abb.?) Ras. Col.
3374. Turtur suratensis *Gm.* (Abb.?) Ras. Col.
3375—3376. Metriopeleia melanoptera *Mol. Gm.* (Abb.?) Ras. Col.
3377—3378. Columbina Picui *Az.* (Abb.?) Ras. Col.
3379. Chamaepeleia cinnamomina *Sw.* (Abb.?) Ras. Col.
3380. Geopeleia Maugei *T.* (Abb.?) Ras. Col.

3381. Scardafella squamosa *T.* (Abb. ?) Ras. Col.

3382. Oreopeleia mystacea *T.* (Abb. ?) Ras. Col.

3383. Phlegoenas erythroptera *Gm.* (Abb. ?) Ras. Col.

3384. Chloroenas vinacea *T.* (Abb. ?) Ras. Col.

3385. Leptoptila erythrothorax. *T.* (Abb. ?) Ras. Col.

3386. Oreopeleia ? violacea *T.* (Abb. ?) Ras. Col.

3387. Peristera mystacea *T.* (Abb. ?) Ras. Col. u. Corythornis coeruleocephala CCCCIII^b = CCCCLXXVII. Inv.

3388. Peristera erythroptera *Gm. T.* (Abb. ?) Ras. Col. u. Ceyx tridactyla *L.* CCCCIII^b = CCCCLXXVII. Inv.

3389. Peristera vinacea *T.* (Abb. ?) Ras. Col. u. Ceyx tridactyla *L.* CCCCIII^b = CCCCLXXVII. Inv.

3390. Peristera erythrothorax *T.* = larvata *T.* (Abb. ?) Ras. Col. u. Todiramph. chlorocceph. *Gm.* CCCCIII^b = CCCCLXXVII. Inv.

3391. Per. violacea *T.* (Abb.?) R.C., Merops philippin. *L.* CCCCXLVI^b Inv.

3392—3393. Merops cyanipectus *Ven.* (Abb. ?) Inv.

3394. CCCCLXXVIII. Inv.

3395.

3396. Galbula leucogastra *V.* CCCCLVIII. Inv.

3397—3398. Melicophila picata *Gld.* CCCCLXXIX. Inv.

3399—3400. Stomiopera ocularis *Gld.* CCCCLXXIX. Inv.

3401—3402. Alcedo ispida *L.* CCCCLXXX = CCCXCI^b Inv.

3403. wie 3401—2 u. Merops luteus *Scp.* CCCCXLVIII. Inv.

3404—3405. Corythornis vintsioides *E. u. G.* CCCXCI^b = CCCCLXXX. Inv.

3406. Ramphalcyon javana *Bodd.* CCCXCVIII^b = CCCCLXXXI. Inv.

3407. Ramph. amauroptera *Pears.* CCCXCVIII^b = CCCCLXXXI. Inv.

3408. Psittirostra psittacea *Lath.* (Abb. ?) Inv.

3409. Anthornis melanocephala *Gr.* (Abb. ?) Inv.

3410—3411. Anthornis melanura *Sparrm.* (Abb. ?) Inv.

3412. Ptilotis reticulata *T.* CCCCLXXXI^b = CCCCLXXXIII. Inv.

3413. Ptilotis maculata *T.* CCCCLXXXI^b = CCCCLXXXIII. Inv.

3414—3415. Manorrhina melanophr. *Lth.* CCCCLXXXI^b = CCCCLXXXIII. Inv.

3416—3417. Myzomela Boiei *Müll.* CCCCLXXXIV. Inv.

3418. Myzomela vulnerata *Müll.* mas. CCCCLXXXIV. Inv.

3419. Myzomela vulnerata *Müll.* fem. CCCCLXXXIV. Inv.

3420. Myzomela de la Farge *H. J.* CCCCLXXXIV. Inv.

3421. Myzomela solitaria *H. J.* CCCCLXXXV. Inv.

3422. Myzomela chermesina *Gr.* CCCCLXXXV. Inv.

3423—3425. Myzomela erythrocephala *Gld.* CCCCLXXXV. Inv.

3426. Myzomela sanguinea *Gm.* CCCCLXXXV. Inv.

3427—3429. Myzomela sanguinolenta *Lath.* CCCCLXXXV. Inv.
3430—3432. Myzomela pectoralis *Gld.* CCCCLXXXVI. Inv.
3433—3434. Myzomela nigra *Gld.* CCCCLXXXVI. Inv.
3435—3436. Myzomela obscura *Gld.* CCCCLXXXVI. Inv.
3437—3438. Glyciphila fasciata *Gld.* CCCCLXXXVII. Inv.
3439—3441. Glyciphila fulvifrons *Sws.* CCCCLXXXVII. Inv.
3442—3443. Glyciphila albifrons *Gld.* CCCCLXXXVII. Inv.
3444.
3445—3446. Acanthorhynchus tenuirostris *Lath.* CCCCLXXXVIII. Inv.
3447. Acanthorhynchus superciliosus *Gld.* CCCCLXXXVIII. Inv.
3448. Acanthorhynchus superciliosus *Gld.* CCCCLXXXVIII. u. Co-
       nopophila rufigularis *Gld.* CCCCLXXXIX. Inv.
3449. Conopophila rufigularis *Gld.* CCCCLXXXIX. Inv.
3450. Conopophila albigularis *Gld.* CCCCLXXXIX. Inv.
3451—3452. Entomophila picta *Gld.* CCCCLXXXIX. Inv.
3453—3455. Meliornis australasiana *Shaw.* CCCCXC. Inv.
3456—3457. Meliornis mystacalis *Gld.* CCCCXC. Inv.
3458—3459. Meliornis sericea *Gld.* CCCCXC. Inv.
3460—3461. Meliornis longirostris *Gld.* CCCCXCI. Inv.
3462—3463. Meliornis Novae Hollandiae *Lath.* CCCCXCI. Inv.
3464—3465. Pogonornis cincta *Du Bus.* CCCCXCI. Inv.
3466. Prosthemadera circinata *Lath.* CCCCXCII. Inv.
3467—3469. Meliphaga phrygia *Lath.* CCCCXCII. Inv.
3470—3471. Plectorhyncha lanceolata *Gld.* CCCCXCIII. Inv.
3472—3473. Acanthogenys rufigularis *Gld.* CCCCXCIII. Inv.
3474—3475. Myzantha obscura *Gld.* CCCCXCIV. Inv.
3476—3477. Myzantha garrula *Lath.* CCCCXCIV. Inv.
3478—3479. Myzantha lutea *Gld.* CCCCXCV. Inv.
3480—3481. Myzantha flavigula *Gld.* CCCCXCV. Inv.
3482—3483. Melichaera mellivora *Vig. Hrsf.* CCCCXCVI. Inv.
3484—3485. Melichaera lunulata *Gld.* CCCCXCVI. Inv.
3486. Megaceryle gigantea *Sws.* CCCCIX^b = CCCCXVIII. Inv.
3487. Megaceryle stellata *Mey.* CCCCIX^b = CCCCXVIII. Inv.
3488. Rhamphiculus jambu *L.* (Abb.?) Ras. Col. u. Ceryle leucomela-
       nura *Rchb.* CCCCIX^b = CCCCXVIII. Inv.
3489. Rhamphiculus jambu *L.* (Abb.?) Ras. Col. u. Tanysiptera dea
       L. CCCCV^b = CCCCXCIX. Inv.
3490—3491. Todiramphus cinnamomina *Sws.* CCCCV^b = CCCCXCIX. Inv.
3492—3494. Melithreptus validirostris *Gld.* D. Inv.
3495—3497. Melithreptus lunulatus *Shaw.* D. Inv.

3498—3499. Melithreptus gularis *Gld.* D. Inv.

3500. Melithreptus virescens *V.* D. Inv.

3501—3502. Melithreptus chloropsis *Gld.* DI. Inv.

3503—3505. Melithreptus albigularis *Gld.* DI. Inv.

3506—3507. Melithreptus melanocephalus *Gld.* DI. Inv.

3508—3509. Entomyza cyanotis *Sw.* DII. Inv.

3510—3511. Entomyza albipennis *Gld.* DII. Inv.

3512. Xanthotis flaviventris *L.* DIII. Inv.

3513. Philedon bouroensis *Q. u. G.* DIII. Inv.

3514. Philedon vulturinus *H. J.* DIII. Inv.

3515. Philedon collaris *Rchb.* DIII. Inv.

3516. Philedon subcornutus *T.* DIV. Inv.

3517. Philedon Leptornis *R.* DIV. Inv.

3518. Philedon inornatus *Gr.* DV. Inv.

3519—3520. Philedon citreogularis *Gld.* DV. Inv.

3521. Tropidorhynchus Monachus *Lath.* DVI. Inv.

3522. Tropidorhynchus argenticeps *Gld.* DVI. Inv.

3523—3524. Tropidorhynchus corniculatus *Lath.* DVI. Inv.

3525—3526. Kurutreron chrysogastra *Gr.* (Abb.?) Ras. Col.

3527—3528. Kurutreron oopa *Wagl.* (Abb.?) Ras. Col.

3529—3530. Zenaida auriculata *D. Mrs.* (Abb.?) Ras. Col.

3531—3532. Chalcopeleia afra *L.* (Abb.?) Ras. Col.

3533—3534. Peristera chalcostigma *Rchb.* (Abb.?) Ras. Col.

3535—3536. Tinamus canus *Wagl.* DVIII. Ras.

3537—3538. Francolinus Coqui *Sm.* DVIII. Ras.

3539—3540. Itaginis cruentus *Wagl.* DVIII. Ras.

3541. Gallus aeneus *T.* DIX. Ras.

3542. Gallus Temminkii *Gr.* DIX. Ras.

3543. Cursorius chalcopterus *Gr.* DIX. Ras.

3544. Merops quinticolor *Vaill.* CCCCXLIII^b = DC. Inv.

3545. Merops aegyptius *Forsk.* CCCCXLIII^b = DC. Inv.

3546. Mer. aegypt. *F.* CCCCXLIII^b=DC., Sitta caesia *M. W.* DXI. Inv.

3547. Anthochaera inauris *Gld.* CCCCXCVII., S. caesia *M. W.* DXI. Inv.

3548. Anth. inauris *Gld.* CCCCXCVII., Sitta asiatica *Pall.* DXI. Inv.

3549. Anth. carunculata *Lath.* CCCCXCVII., Sitta syriaca *Ehr.* DXI. Inv.

3550. Foulehaio musicus *V.* ♂ CCCCXCVII., S. syr. *Ehr.* DXI. Inv.

3551—3552. Sitta himalaiensis *J. S.* DXII. Inv.

3553—3555. Sitta castaneiventris *Frankl.* DXII. Inv.

3556—3558. Sitta cinnamomeoventris *Blyth.* DXII. Inv.

3559—3560. Sitta leucopsis *Gld.* DXIII. Inv.

3561—3562. Sitta canadensis *Br*. DXIII. Inv.
3563—3564. Sitta carolinensis *Br*. DXIII. Inv.
3565—3566. Sitta pygmaea *Vig*. DXIV. Inv.
3567—3568. Sitta pusilla *Lath*. DXIV. Inv.
3569—3570. Dendrophila flavipes *Sw*. DXIV. Inv.
3571—3572. Dendrophila frontalis *Hrsf*. DXIV. Inv.
3573—3574. Callisitta formosa *Blyth*. (Abb.?) Inv.
     3575. Acanthisitta longipes *Gm*. (Abb.?) Inv.
     3576. Acanthisitta punctata *Q. G.* (Abb.?) Inv.
3577—3578. Acanthisitta chloris *Sparrm*. (Abb.?) Inv.
3579—3581. Sittella pileata *Gld*. DXVI. Inv.
3582—3584. Sittella chrysoptera *Lath*. DXVI. Inv.
3585—3587. Sittella leucocephala *Gld*. DXVII. Inv.
3588—3590. Sittella leucoptera *Gld*. DXVII. Inv.
     3591. Schizura Des Mursii *Rchb*. DXVIII. Inv.
     3592. Synallaxis albescens *T*. DXVIII. Inv.
3593—3594. Synallaxis ruficapilla *V*. DXVIII. Inv.
3595—3596. Leptasthenura aegithaloides *Kittl*. DXIX. Inv.
     3597. Leptasthenura platensis *Rchb*. DXIX. Inv.
     3598. Bathmidura fuliginiceps *D'Orbg*. DXIX. Inv.
     3599. Bathmidura D'Orbignyii *Rchb*. DXIX. Inv.
     3600. Bathmidura humicola *Kittl*. DXIX. Inv.
     3601. Synallaxis phryganophila *V*. DXX. Inv.
     3602. Synallaxis rutilans *T*. DXX. Inv.
     3603. Synallaxis cinerascens *T*. DXX. Inv.
     3604. Bathmidura setaria *T*. DXX. Inv.
     3605. Leptoxyura ruficauda *V*. DXX. Inv.
     3606. Asthenes sordida *Less*. DXX. Inv.
     3607. Anumbius acuticaudatus *Less*. DXXI. Inv.
     3608. Anumbius rufigularis *Gld*. DXXI. Inv.
     3609. Leptasthenura flammulata *Rchb*. DXXI. Inv.
     3610. Leptoxyura semicinerea *Rchb*. DXXI. Inv.
3611—3612. Phacellodomus rufifrons *Ill*. DXXI. Inv.
     3613. Bathmidura striaticeps *D'Orbg*. (Abb.?) Inv.
     3614. Leptasthenura maluroides *D'Orbg*. (Abb.?) Inv.
     3615. Bathmidura dorsomaculata *D'Orbg*. (Abb.?) Inv.
     3616. Cranioleuca albiceps *D'Orbg*. (Abb.?) Inv.
     3617. Leptoxyura cinnamomea *Sw*. DXXIII. Inv.
     3618. Leptoxyura pallida *M. N.-W.* DXXIII. Inv.
     3619. Melanopareia Maximiliani *D'Orbg*. DXXIII. Inv.

3620. Melanopareia torquata *M. N.-W.* DXXIII. Inv.

3621. Oxyurus spinicauda *Gm.* DXXIII. Inv.

3622—3625. Orthonyx spinicaudus *T.* (Abb.?) Inv.

3626—3627. Clitonyx ochrocephala *Gm.* (Abb.?) Inv.

3628. Homorus lophotes *Bp.* DXXV. Inv.

3629. Homorus cristatus *Spix.* DXXV. Inv.

3630. Pseudoseisura gutturalis *D'Orbg.* DXXV. Inv.

3631. Homorus unirufus *D'Orbg.* DXXV. Inv.

3632. Homorus erythrophthalmus *M. N.-W.* DXXVI. Inv.

3633. Automolus sulfurascens *Licht.* DXXVI. Inv.

3634. Anabates guianensis *Gm.* DXXVI. Inv.

3635. Anabates ochrolaemus *Tsch.* DXXVI. Inv.

3636. Anabates montanus *Tsch.* DXXVI. Inv.

3637. Cichlocolaptes ferruginolentus *M. N.-W.* DXXVII. Inv.

3638. Cichlocolaptes ochroblepharus *Rchb.* DXXVII. Inv.

3639. Sittasomus erythacus *Lcht.* DXXVIII. Inv.

3640. Glyphorhynchus cuneatus *Licht.* DXXVIII. Inv.

3641. Leptoxyura rufosuperciliata *Lafr.* DXXVIII. Inv.

3642. Asthenes aradoides *Lafr.* DXXVIII. Inv.

3643. Pygarrhichus leucosternus *Gld.* DXXVIII. Inv.

3644—3645. Glyphorhynchus cuneatus *Lcht.* (Abb.?) Inv.

3646. Margarornis squamiger *D'Orbg.* (Abb.?) Inv.

3647. Margarornis perlatus *Less.* (Abb.?) Inv.

3648. Dendroplex picus *Gm.* (Abb.?) Inv.

3649. Dendroplex picirostris *Lafr.* (Abb.?) Inv.

3650. Nasica longirostris *Bp.* DXXX. Inv.

3651. Nasica Bridgesii *Eyton.* DXXX. Inv.

3652—3653. Picolaptes angustirostris *V.* DXXXI. Inv.

3654. Picolaptes tenuirostris *Licht.* DXXXI. Inv.

3655. Picolaptes Levaillantii *Rchb.* DXXXI. Inv.

3656. Picolaptes lacrymiger *Lafr.* DXXXI. Inv.

3657. Xiphorhynchus falcularius *V.* DXXXII. Inv.

3658. Xiphorhynchus Pucherani *Lafr.* DXXXII. Inv.

3659. Xiphorhynchus Lafresnayanus *D'Orbg.* DXXXII. Inv.

3660—3661. Xiphorhynchus trochilirostris *Licht.* DXXXII. Inv.

3662. Lepidocolaptes squamatus *Lcht.* DXXXIII. Inv.

3663. Lepidocolaptes Wagleri *Spix.* DXXXIII. Inv.

3664. Lepidocolaptes Spixii *Less.* DXXXIII. Inv.

3665.

3666. Lepidocolaptes leucogaster *Lafr.* DXXXIV. Inv.

3667. Lepidocolaptes Souleyetii *Lafr.* DXXXIV. Inv.
3668. Pseudocolaptes semicinnamomeus *Rchb.* DXXXIV. Inv.
3669—3670. Tatarea longirostris *Gm.* DXXXIV. Inv.
3671. Dendrocincla turdina *Gr.* DXXXV. Inv.
3672. Dendrocincla fumigata *Gr.* DXXXV. Inv.
3673. Premnocopus triangularis *Lafr.* DXXXV. Inv.
3674. Dendrocincla atrirostris *Lafr.* DXXXV. Inv.
3675. Cladoscopus Perrotii *Lafr.* DXXXV. Inv.
3676—3677. Dendrocolaptes platyrhynchus *Rchb.* DXXXVI. Inv.
3678. Dendrocopus promeropirhynchus *Less.* DXXXVI. Inv.
3679. Dendrocopus maior *V.* DXXXVI. Inv.
3680. Cladoscopus Temminckii *Lafr.* DXXXVI. Inv.
3681. Dendrocolaptes cayennensis *Le Vaill.* DXXXVII. Inv.
3682. Dendrocolaptes cayennensis *Aud. V.* DXXXVII. Inv.
3683. Premnocopus guttatus *Lcht.* DXXXVII. Inv.
3684.   DXXXVII. Inv.
3685. Premnocopus pardalotus *V.* DXXXVII. Inv.
3686. Premnocopus Chunchotambo *Tsch.* DXXXVII. Inv.
3687—3690. Dendrocolaptes cayennensis *Gm.* ad. et juv. DXXXVIII. Inv.
3691. Dendrocopus falcirostris *Spix.* DXXXIX. Inv.
3692. Dendrocopus albicollis *V.* DXXXIX. Inv.
3693—3694. Thripophaga striolata *Lcht.* DXL. Inv.
3695. Pseudocolaptes subulatus *Spix.* DXL. Inv.
3696. Thripophaga melanorhynchus *Tsch.* DXL. Inv.
3697—3698. Xenops genibarbis *Illfgg. Ill.* DXLI. Inv.
3699—3700. Xenops rutilans *Licht.* DXLI. Inv.
3701. Anabazenops fuscus *V.* DXLI. Inv.
3702. Philydor amaurotis *T.* (Abb.?) Inv.
3703. Philydor poliocephalus *Lcht.* (Abb.?) Inv.
3704—3705. Philydor superciliaris *Spix.* (Abb.?) Inv.
3706. Furnarius leucophrys *Selby.* (Abb.?) Inv.
3707—3708. Rhodinocincla rosea *Hartl.* DXLIII. Inv.
3709. Furnarius badius *Lchtst.* DXLIII. Inv.
3710. Furnarius superciliaris *Less.* DXLIII. Inv.
3711. Furnarius leucopus *Sw.* DXLIII. Inv.
3712. Furnarius figulus *Ill.* DXLIV. Inv.
3713.   DXLIV. Inv.
3714.   DXLIV. Inv.
3715. Leptoxyura obsoleta *Brdt.* DXLIV. Inv.
3716. Anabazenops fuscus *V.* (Abb.?) Inv.

3717. Ochetorhynchus ruficaudus *Mey.* (Abb.?) Inv.

3718. Henicornis phoenicura *Bp.* (Abb.?) Inv.

3719. Henicornis melanura *Gr.* (Abb.?) Inv.

3720—3721. Philydor superciliosus *Ill.* DXLVI. Inv.

3722. Limnornis curvirostris *Gld.* DXLVI. Inv.

3723. Limnornis rectirostris *Gld.* DXLVI. Inv.

3724. Thelydrias unirufus *Lafr.* DXLVI. Inv.

3725—3726. Cinclodes patagonicus *Gm.* DXLVII. Inv.

3727—3728. Opetiorhynchus vulgaris *D'Orbg. Lafr.* DXLVII. Inv.

3729. Opetiorhynchus montanus *Lafr. D'Orbg.* DXLVII. Inv.

3730. Opetiorhynchus andicola *Lafr. D'Orbg.* DXLVII. Inv.

3731—3732. Cinclodes nigrofumosus *Lafr.* DXLVIII. Inv.

3733. Cillurus palliatus *Tsch.* DXLVIII. Inv.

3734. Upucerthia dumetoria *Geoffr. D'Orbg.* DXLVIII. Inv.

3735. Cillurus palliatus *Tsch.*, Geositta fissirostris *Ktl.* DXLIX. Inv.

3736. Geositta cunicularia *V.* DXLIX. Inv.

3737. Geositta tenuirostris *D'Orbg. Lafr.* DXLIX. Inv.

3738—3739. Geositta maritima *D'Orbg. Lafr.* DXLIX. Inv.

3740. Dacnis angelica *De Phil.* DL. Inv.

3741—3743. Dacnis cayana *Cuv.* DL. Inv.

3744—3745. Dacnis cyanomelas *L.* DL. Inv.

3746—3747. Chlorophanes atricapilla *V.* DLI. Inv.

3748. Conirostrum cinereum *D'Orbg. Lafr.* DLI. Inv.

3749. Conirostrum flaviventre *D'Orbg. Lafr.* DLI. Inv.

3750. Conirostrum albifrons *Lafr.* DLI. Inv.

3751. Conirostrum sitticolor *Lafr.* DLI. Inv.

3752—3753. Diglossa personata *Hartl.* DLII. Inv.

3754. Diglossa humeralis *Fras.* DLII. Inv.

3755. Diglossa carbonaria *Lafr.* DLII. Inv.

3756. Diglossa mystacalis *Lafr.* DLII. Inv.

3757. Diglossa Lafresnayi *Boiss.* DLIII. Inv.

3758. Diglossa albilatera *Lafr.* DLIII. Inv.

3759. Diglossa aterrima *Lafr.* DLIII. Inv.

3760—3761. Diglossa carbonaria *Lafr.* DLIII. Inv.

3762—3763. Diglossa baritula *Wagl.* DLIV. Inv.

3764. Diglossa similis *Lafr.* DLIV. Inv.

3765. Diglossa brunneiventris *O. D. Murs.* DLIV. Inv.

3766. Diglossa sittoides *D'Orbg. Lafr.* DLIV. Inv.

3767—3768. Coereba cyanea *L.* (Abb.?) Inv.

3769.

3770—3771. Arbelorhina coerulea *L.* (Abb.?) Inv.

3772. Arbelorhina nitida *Hartl.* (Abb.?) Inv.

3773—3774. Dicaeum cruentatum *Blyth.* DLVI. Inv.

3775. Dicaeum rubrum *L.* DLVI. Inv.

3776—3777. Dicaeum rubescens *V.* DLVI. Inv.

3778—3779. Dicaeum rubrocanum *T.* DLVI. Inv.

3780. Dicaeum concolor *Jerd.* DLVI. Inv.

3781. Dicaeum pygmaeum *Kittl.* DLVI. Inv.

3782. Dicaeum papuense *Lath.* DLVII. Inv.

3783. Dicaeum sanguinolentum *T.* DLVII. Inv.

3784—3785. Dicaeum erythrothorax *Less.* DLVII. Inv.

3786—3787. Dicaeum nigrum *Less.* DLVII. Inv.

3788—3789. Dicaeum trigonostigma *Scop.* DLVII. Inv.

3790—3791. Dicaeum chryssorrhoeum *T.* DLVII. Inv.

3792—3795. Microchelidon hirundinacea *Shaw.* DLVIII. Inv.

3796. Microchelidon ignipectus *Hodgs.* DLVIII. Inv.

3797. Microchelidon aenea *H. J.* DLVIII. Inv.

3798—3799. Anaimos thoracicus *T.* DLVIII. Inv.

3800—3801. Prionochilus percussus *T.* DLVIII. Inv.

3802. Piprisoma agile *Blyth.* DLVIII. Inv.

3803—3805. Pardalotus punctatus *V.* (Abb.?) Inv.

3806—3807. Pardalotus affinis *Gld.* (Abb.?) Inv.

3808—3809. Pardalotus rubricatus *Gld.* (Abb.?) Inv.

3810—3811. Pardalotus quadragintus *Gld.* (Abb.?) Inv.

3812—3816. Pardalotus striatus *Gld.* DLX. Inv.

3817—3818. Pardalotus melanocephalus *Gld.* DLX. Inv.

3819—3820. Pardalotus uropygialis *Gld.* DLX. Inv.

3821. Pardalotus luctuosus *H. J.* DLX. Inv.

3822. Certhiola luteola *Lcht.* DLXI. Inv.

3823. Certhiola flaveola *L.* DLXI. Inv.

3824. Certhiola martinicana *Br.* DLXI. Inv.

3825. Certhiola guianensis *Cab.* DLXI. Inv.

3826. Certhiola chloropyga *Cab.* DLXI. Inv.

3827. Certhiola trochilea *Sparm.* DLXI. Inv.

3828. Drepanis pacifica *Gm.* DLXI. Inv.

3829. Drepanis pacifica *Aud.* DLXI. Inv.

3830—3832. Vestiaria coccinea *Forst.* DLXII. Inv.

3833—3834. Himatione sanguinea *Gm.* DLXII. Inv.

3835. Certhia nepalensis *Hodgs.* DLXIII. Inv.

3836. Certhia discolor *Blyth.* DLXIII. Inv.

3837—3838. Certhia himalayana *Vig.* DLXIII. Inv.
3839—3840. Certhia familiaris *L.* DLXIII. Inv.
3841—3842. Certhia mexicana *Lcht.* DLXIII. Inv.
3843. Caulodromus Graeci *Gr.* (Abb.?) Inv.
3844. Salpornis spilonota *Frankl.* (Abb.?) Inv.
3845—3846. Tichodroma phoenicoptera *T.* (Abb.?) Inv.
3847—3848. Climacteris leucophoea *Lath.* DLXV. Inv.
3849—3850. Climacteris erythrops *Gld.* DLXV. Inv.
3851—3852. Climacteris scandens *T.* DLXV. Inv.
3853—3854. Climacteris melanura *Gld.* DLXV. Inv.
3855—3856. Climacteris rufa *Gld.* DLXVI. Inv.
3857—3858. Climacteris melanotus *Gld.* DLXVI. Inv.
3859. Rhabdornis mystacalis *T.* DLXVI. Inv.
3860. Rhabdornis mystacalis *Kittl.* DLXVI. Inv.
3861—3862. Chalcomitra amethystina *Shaw.* ♂ DLXVII. Inv.
3863. Chalcomitra amethystina *Shaw.* ♀ DLXVII. Inv.
3864—3865. Chalcomitra cruentata *Rpp.* DLXVII. Inv.
3866—3867. Chalcomitra senegalensis *L.* DLXVII. Inv.
3868—3869. Nectarophila Hasseltii *T.* ♂ DLXVIII. Inv.
3870. Nectarophila Hasseltii *T.* ♀ DLXVIII. Inv.
3871—3872. Chalcomitra pusilla *V.* DLXVIII. Inv.
3873—3874. Nectarophila minima *Syk.* DLXVIII. Inv.
3875. Chalcomitra Stangeri *J. S.* DLXVIII. Inv.
3876—3877. Chalcomitra Adelberti *J.* DLXVIII. Inv.
3878. Chromatophora superba *V.* DLXIX. Inv.
3879—3880. Nectarophila affinis *V.* DLXIX. Inv.
3881. Nectarophila zeylonica *V.* DLXIX. Inv.
3882. Nectarophila zeylonica *V.,* N. coccinigastra *T.* DLXIX. Inv.
3883. Nectarophila coccinigastra *T.* DLXIX. Inv.
3884. Chalcomitra venusta *Shaw.* DLXIX. Inv.
3885—3887. Nectarophila zeylonica *L.* DLXX. Inv.
3888. Anthodiaeta parvula *Rchb.* DLXX. Inv.
3889. Cyrtostomus jugularis *L.* DLXX. Inv.
3890. Cyrtostomus currucarius *Lath.* DLXX. Inv.
3891—3892. Cyrtostomus pectoralis *Hrsf.* DLXX. Inv.
3893. Chalcomitra natalensis *Jard.* DLXXI. Inv.
3894—3895. Aidemonia cuprea *Shaw.* DLXXI. Inv.
3896. Aidemonia Tacazze *Stanl.* DLXXI. Inv.
3897. Cosmeteira eques *Less.* DLXXII. Inv.
3898—3899. Chalcostetha Macklotii *Bp.* DLXXII. Inv.

3900. Chalcostetha Zenobia *L. G.* DLXXII. Inv.
3901. Hermotimia Aspasia *L. G.* DLXXII. Inv.
3902—3904. Angaladiana madagascariensis *Br.* DLXXIII. Inv.
3905—3906. Cyanomitra cyanocephala *Shaw.* DLXXIII. Inv.
3907. Cyanomitra affinis *Rpp.* DLXXIII. Inv.
3908—3909. Cinnyris splendida *Shaw.* DLXXIV. Inv.
3910—3912. Cinnyris habessynica *Ehr.* DLXXIV. Inv.
3913. Cinnyris canora *Scop.* DLXXIV. Inv.
3914—3915. Cinnyris afra *L.* DLXXV. Inv.
3916—3918. Cinnyris chalybea *L.* DLXXV. Inv.
3919. Cinnyris virescens *V.* DLXXV. Inv.
3920—3921. Cinnyris bifasciata *Shaw.* DLXXVI. Inv.
3922—3924. Cinnyris purpurata *Ill.* DLXXVI. Inv.
3925. Cinnyris splendens *V.* DLXXVI. Inv.
3926—3927. Cinnyris chloropygia *Jard.* DLXXVII. Inv.
3928—3930. Cinnyris Souimanga *L.* DLXXVII. Inv.
3931. ? Cinnyris gularis *Rpp.* DLXXVII. Inv.
3932—3933. Elaeocerthia Verreauxi *Sm.* DLXXVIII. Inv.
3934. Elaeocerthia Fraseri *Jard.* DLXXVIII. Inv.
3935—3936. Elaeocerthia obscura *Jard.* DLXXVIII. Inv.
3937—3938. Arachnechthra Lotenia *L.* DLXXIX. Inv.
3939—3941. Arachnechthra asiatica *Lath.* DLXXIX. Inv.
3942—3944. Cinnyricincle fusca *V.* DLXXX. Inv.
3945—3946. Arachnechthra aenea *V.* DLXXX. Inv.
3947—3948. Carmelita fuliginosa *Shaw.* DLXXX. Inv.
3949—3951. Nectarinia famosa *Ill.* DLXXXI. Inv.
3952—3953. Panaeola pulchella *L.* DLXXXI. Inv
3954—3956. Anthobaphes violacea *L.* DLXXXII. Inv.
3957—3958. Panaeola cardinalis *V.* DLXXXII. Inv.
3959—3962. Hedydipna metallica *Licht.* DLXXXIII. Inv.
3963—3964. Hedydipna platura *V.* DLXXXIII. Inv.
3965—3966. Aithopyga Gouldiae *Gld.* DLXXXIII. Inv.
3967. Aithopyga Temminckii *Müll.* DLXXXIV. Inv.
3968—3970. Aithopyga goalpariensis *Lath.* DLXXXIV. Inv.
3971—3972. Aithopyga siparaja *Rffl.* DLXXXIV. Inv.
3973—3975. Aithopyga ignicauda *Hdgs.* (Abb. ?) Inv.
3976—3978. Aithopyga nepalensis *Hdgs.* (Abb. ?) Inv.
3979—3981. Aithopyga Vigorsii *Syk.* DLXXXVI. Inv.
3982—3983. Aithopyga chalcopogon *Rchb.* DLXXXVI. Inv.
3984—3985. Aithopyga eximia *Hrsf.* DLXXXVII. Inv.

3986. Aithopyga saturata *Hdgs.* DLXXXVII. Inv.

3987—3988. Chalcopareia cingalensis *Lath.* DLXXXVII. Inv.

3989—3991. Anthreptes malaccensis *Scop.* DLXXXVIII. Inv.

3992. Hypogramma nuchalis *Blyth.* DLXXXVIII. Inv.

3993—3994. Cinnyricincle leucosoma *Sw.* DLXXXVIII. Inv.

3995—3996. Cyrtostomus solaris *T.* DLXXXIX. Inv.

3997. ? Cyrtostomus gularis *Sparrm.* DLXXXIX. Inv.

3998. Cyrtostomus frenatus *M. Schl.* DLXXXIX. Inv.

3999—4001. Cyrtostomus australis *Gld.* DLXXXIX. Inv.

4002. Leucochloridia verticalis *V.* DXC. Inv.

4003. Euchloridia rectirostris *Shaw.* DXC. Inv.

4004. Chlorophanes viridis *Rchb.* DXC. Inv.

4005—4006. Anthodiaeta collaris *V.* DXC. Inv.

4007—4008. Anthodiaeta subcollaris *Jard.* DXC. Inv.

4009. Hemignathus obscurus *Lath.* DXCI. Inv.

4010—4011. Hemignathus olivaceus *Lcht.* DXCI. Inv.

4012—4013. Hemignathus lucidus *Lcht.* DXCI. Inv.

4014—4015. Arachnoraphis flaviventris *Eyt.* DXCII. Inv.

4016. Arachnocestra crassirostris *Rchb.* DXCII. Inv.

4017. Arachnocestra uropygialis *Gr.* DXCII. Inv.

4018—4019. Arachnocestra longirostris *Lath.* DXCII. Inv.

4020. Arachnothera chrysogenys *T.* DXCII. Inv.

4021—4022. Arachnothera inornata *T.* DXCIII. Inv.

4023. Arachnothera magna *Blyth.* DXCIII. Inv.

4024—4025. Arachnothera latirostris *Blyth.* DXCIII. Inv.

4026—4027. Arachnothera affinis *Blyth.* DXCIV. Inv.

4028. Arachnoraphis simplex *M. Schl.* DXCIV. Inv.

4029. Arachnoraphis armata *M. Schl.* DXCIV. Inv.

4030. Arachnoraphis Novae Guineae *Less.* DXCIV. Inv.

4031. Arachnoraphis robusta *M. Schl.* DXCIV. Inv.

4032—4034. Upupa Epops *L.* DXCV. Inv.

4035. Upupa capensis *Sw.* DXCV. Inv.

4036. Upupa ceylonensis *Rchb.* DXCV. Inv.

4037. Upupa indica *Rchb.* DXCVI. Inv.

4038. Upupa ? monolophos *Wagl.* DXCVI. Inv.

4039. ? Fregilupus madagascariensis *Shaw.* DXCVI. Inv.

4040. Irrisor sibilator *V.* DXCVI. Inv.

4041. Irrisor erythrorhynchos *Lath.* DXCVII. Inv.

4042. Irrisor melanorhynchos *Lcht.* DXCVII. Inv.

4043—4044. Irrisor caudacutus *V.* DXCVIII. Inv.

4045—4046. Irrisor lamprolophus *Wagl.* DXCIX. Inv.

    4047. Irrisor coeruleus *Shaw.* DXCIX. Inv.

4048—4049. Rhinopomastes cyanomelas *V.* DC. Inv.

    4050. Rhinopomastes minor *Rpp.* DC. Inv.

4051—4052. Sitta europaea *L.* DCI. Inv.

4053—4054. Siptornis flamulata *Less.* DCI. Inv.

    4055. Lochmia nematura *Lcht.* DCII. Inv.

    4056. Sittasomus erythacus *T.* DCII. Inv.

    4057. Sittasomus olivaceus *M. N.-M.* DCII. Inv.

    4058. Lepidocolaptes affinis *Lafr.* DCIII. Inv.

    4059. Premnocopus eburneirostris *Less.* DCIII. Inv.

    4060. Dendrocincla tyrannina *Lafr.* DCIV. Inv.

    4061. Xiphorhynchus procurvus *T.* DCIV. Inv.

    4062. Dendrocolaptes validus *Tsch.* DCIV. Inv.

    4063. Dacnis plumbea *Lath.* DCV. Inv.

    4064. Dacnis speciosa *M. N.-W.* DCV. Inv.

    4065. Diglossa maior *Cab.* DCV. Inv.

4066—4067. Nectarophila affinis *Shaw.* DCV. Inv.

    4068. Arbelorhina caerebicolor *Scl.* DCVI. Inv.

4069—4070. Arbelorhina nitida *Scl.* DCVI. Inv.

    4071. Coereba brevipes *Cab.* DCVI. Inv.

4072—4073. Coereba eximia *Cab.* DCVI. Inv.

    4074. Upucerthia hypoleuca *Rchb.* DCVII. Inv.

4075—4076. Tichodroma muraria *L.* DCVII. Inv.

    4077. Chalcomitra natalensis *Jard.* DCVII. Inv.

4078—4079. Cinnyricincle albiventris *Strickl.* DCVII. Inv.

    4080. Dicaeum cinereum *Kittl.* DCVII. Inv.

4081—4082. Epimachus magnus *Gm.* DCVIII. Inv.

4083—4085. Ptilorhis paradisea *Sw.* DCIX. Inv.

4086—4088. Ptilorhis Victoriae *Gld.* DCX. Inv.

4089—4091. Craspedophora magnifica *Cuv.* DCXI. Inv.

4092—4093. Seleucides alba *Blumenb.* DCXII. Inv.

4094—4096. Promerops cafer *L.* DCXIII. Inv.

    4097. Falculia palliata *Geoffr.* DCXIII. Inv.

4098—4099. Mohoa fasciculata *Lath.* DCXIV. Inv.

4100—4101. Neomorpha Gouldii *Gr.* DCXIV. Inv.

4102—4103. Certhia americana *Bp.* DCXV. Inv.

4104—4106. Cyanomitra pusilla *Sw.* DCXV. Inv.

4107—4108. Picumnus exilis *Licht.* DCXVI. Inv.

    4109. Picumnus cayennensis *Lafr.* DCXVI. Inv.

4110. Picumnus Temminckii *Lafr.* DCXVI. Inv.
4111. Picumnus Buffonii *Lafr.* DCXVI. Inv.
4112—4113. Picumnus hypoxanthus *Rchb.* DCXVII. Inv.
4114—4115. Picumnus guttatus *Rchb.* DCXVII. Inv.
4116. Picumnus albisquamatus *D'Orby. Lafr.* DCXVII. Inv.
4117—4118. Picumnus pygmaeus *Lcht.* DCXVII. Inv.
4119. Sasia abnormis *T.* DCXVIII. Inv.
4120—4121. Vivia nepalensis *Hdgs.* DCXVIII. Inv.
4122—4123. Oxyrhamphus flammiceps *T.* DCXVIII. Inv.
4124. Junx aequatorialis *Rpp.* DCXVIII. Inv.
4125—4126. Junx Torquilla *L.* DCXIX. Inv.
4127—4128. Junx indica *Gld.* DCXIX. Inv.
4129—4130. Junx pectoralis *Vig.* DCXIX. Inv.
4131—4133. Gecinus viridis *L.* DCXX. Inv.
4134. Gecinus algirus *Le Vaill. fil.* DCXX. Inv.
4135—4136. Gecinus canus *Gm.* DCXX. Inv.
4137—4138. Gecinus awokera *T.* DCXX. Inv.
4139—4140. Gecinus occipitalis *Vig.* DCXXI. Inv.
4141—4142. Gecinus dimidiatus *T.* DCXXI. Inv.
4143. Gecinus striolatus *Blyth.* DCXXI. Inv.
4144—4145. Gecinus Guerini *Malh.* DCXXII. Inv.
4146—4147. Chloronerpes ruficeps *Spix.* DCXXII. Inv.
4148—4149. Chloronerpes brasiliensis *Sw.* DCXXII. Inv.
4150—4151. Chloronerpes aurulentus *T.* DCXXIII. Inv.
4152—4153. Chloronerpes erythrops *V.* DCXXIII. Inv.
4154—4155. Chloronerpes icterocephalus *Lath.* DCXXIII. Inv.
4156—4158. Chloronerpes rubiginosus *Sw.* DCXXIV. Inv.
4159—4160. Chloronerpes affinis *Sw.* DCXXIV. Inv.
4161—4162. Chloronerpes passerinus *L.* DCXXIV. Inv.
4163. Chloronerpes Kirkii *Malh.* DCXXV. Inv.
4164—4165. Chloronerpes taenionotus *Rchb.* DCXXV. Inv.
4166. DCXXV. Inv.
4167—4168. Chloronerpes sanguineus *Licht.* DCXXVI. Inv.
4169. Erythronerpes callonotus *Waterh.* DCXXVI. Inv.
4170. Picus fumigatus *D'Orbg.* DCXXVI. Inv.
4171—4172. Chrysophlegma flavinucha *Gld.* DCXXVII. Inv.
4173. Chrysophlegma chlorolophum *V.* DCXXVII. Inv.
4174—4175. Gecinus squamatus *Vig.* DCXXVII. Inv.
4176—4177. Venilia punicea *Hrsf.* DCXXVIII. Inv.
4178—4179. Venilia mentalis *T.* DCXXVIII. Inv.

4180—4181. Venilia gularis *T.* DCXXVIII. Inv. ·
4182—4183. Venilia chlorophanes *V.* (?) DCXXIX. Inv.
4184—4185. Venilia miniata *Forst.* DCXXIX. Inv.
4186. Picus ccylonus, Brachypternus erythronotus *V.* DCXXIX. Inv.
4187—4188. Venilia porphyromelas *Boie.* DCXXIX. Inv.
4189—4191. Apternus arcticus *Rich. Sw.* (Abb.?) Inv.
4192—4194. Apternus hirsutus *V.* (Abb.?) Inv.
4195—4196. Apternus tridactylus *L.* DCXXXI. Inv.
4197—4198. Apternus crissoleucus *Brdt.* DCXXXI. Inv.
4199—4200. Apternus tridactylus *L.* (alpinus) DCXXXI. Inv.
4201—4202. Apternus tridactylus *L.* (montanus) DCXXXI. Inv.
4203. Picus Auduboni *Trud.* DCXXXII. Inv.
4204—4205. Picus Philippsii *Aud.* DCXXXII. Inv.
4206—4207. Picus Martinae *Aud.* DCXXXII. Inv.
4208—4209. Picus Harrisii *Aud.* DCXXXII. Inv.
4210—4211. Picus maior *L.* (Abb.?) Inv.
4212.
4213—4214. Picus numidicus *Malh.* (Abb.?) Inv.
4215—4216. Picus himalaiensis *Jard.* (Abb.?) Inv.
4217—4218. Picus leuconotus *Bechst.* DCXXXIV. Inv.
4219—4220. Picus darjellensis *Blyth.* DCXXXIV. Inv.
4221. Picus medius *L.* DCXXXIV. Inv.
4222. Picus maior *L.* DCXXXIV. Inv.
4223. Picus Wagleri *Hartl.* DCXXXIV. Inv.
4224—4225. Picus hyperythrus *Gld.* DCXXXV. Inv.
4226—4227. Picus brunnifrons *Vig.* DCXXXV. Inv.
4228—4229. Picus Macei *V.* DCXXXV. Inv.
4230—4231. Picus mahrattensis *Lath.* DCXXXV. Inv.
4232—4233. Picus pygmaeus *Vig.* DCXXXVI. Inv.
4234—4235. Picus minor *L.* DCXXXVI. Inv.
4236—4238. Picus Kizuki *T.* DCXXXVI. Inv.
4239—4240. Picus moluccensis *Lath.* DCXXXVII. Inv.
4241. Picus bicolor *Gm.* DCXXXVII. Inv.
4242. Picus Hardwickii *Jerd.* DCXXXVII. Inv.
4243. Picus freniger *Rchb.* DCXXXVII. Inv.
4244. Picus nanus *Vig.* DCXXXVII. Inv.
4245.
4246.
4247.
4248.

4249.
4250—4251. Picus canadensis *Gm.* DCXXXVIII. Inv.
4252—4254. Picus villosus *L.* DCXXXVIII. Inv.
4255—4257. Picus pubescens *L.* DCXXXVIII. Inv.
4258—4260. Picus varius *L.* (Abb.?) Inv.
4261—4263. Picus querulus *Wils.* (Abb.?) Inv.
4264—4266. Picus scalaris *Lcht.* (Abb.?) Inv.
4267—4268. Picus cataphoricus *Hodgs.* DCXL. Inv.
4269—4270. Picus fuliginosus *Licht.* DCXL. Inv.
4271—4272. Picus obsoletus *Wagl.* DCXL. Inv.
4273—4274. Picus cancellatus *Wagl.* DCXL. Inv.
4275—4276. Phymatoblepharus candidus *Otto.* DCXLI. Inv.
4277. Phymatoblepharus hirundinaceus *Lath.* DCXLI. Inv.
4278—4279. Phymatoblepharus rubrifrons *Spix.* DCXLI. Inv.
4280—4281. Melanerpes Herminierii *Less.* DCXLII. Inv.
4282—4283. Melanerpes torquatus *Wils.* DCXLII. Inv.
4284—4286. Melanerpes erythrocephalus *L.* DCXLII. Inv.
4287—4288. Melanerpes ruber *Gm.* DCXLII. Inv.
4289—4290. Melanerpes rubidicollis *V.* DCXLIII. Inv.
4291—4292. Phymatoblepharus flavifrons *V.* DCXLIII. Inv.
4293—4294. Melanerpes xantholarynx *Rchb.* DCXLIII. Inv.
4295—4296. Melanerpes formicivorus *Sw.* DCXLIII. Inv.
4297—4299. Melanerpes flavigula *Natt.* DCXLIII. Inv.
4300—4301. Hemilophus Maclotii *Wgl.* DCXLIV. Inv.
4302—4303. Hemilophus fulvus *Q. G.* DCXLIV. Inv.
4304—4305. Hemilophus validus *Reinw.* DCXLIV. Inv.
4306—4307. Hemilophus javensis *Hrsf.* DCXLV. Inv.
4308. Hemilophus Hodgsonii *Jerd.* DCXLV. Inv.
4309—4311. Dryocopus Martius *L.* DCXLV. Inv.
4312—4313. Campephilus magellanicus *King.* DCXLV. Inv.
4314. Campephilus imperialis *Gld.* (Abb.?) Inv.
4315—4316. Campephilus principalis *L.* (Abb.?) Inv.
4317—4318. Campephilus pileatus *L.* DCXLVII. Inv.
4319—4320. Campephilus leucopterylus *Rchb.* DCXLVII. Inv.
4321—4322. Campephilus lineatus *L.* DCXLVII. Inv.
4323—4324. Campephilus Malherbii. *Gr.* DCXLVIII. Inv.
4325—4326. Campephilus albirostris *V.* DCXLVIII. Inv.
4327—4328. Campephilus leucorhamphus *Licht.* DCXLVIII. Inv.
4329—4330. Campephilus mesoleucus *Licht.* DCXLIX. Inv.
4331—4332. Campephilus regius *Licht.* DCXLIX. Inv.

4333—4334. C. robustus *Fr.* ♂ u. C. percoccineus *Bp.* DCXLIX. Inv.
4335—4336. Campophilus erythrops *Cuv.* DCL. Inv.
    4337. Campophilus galeatus *Natt.* DCL. Inv.
    4338. Campephilus Boiei *Wagl.* DCL. Inv.
4339—4340. Campephilus robustus *Freyr.* ♀ DCLI. Inv.
4341—4342. Campephilus rubricollis *Bodd.* DCLI. Inv.
    4343. Campephilus haematogaster *Tsch.* DCLI. Inv.
    4344. Tiga tridactyla *Hrsf.* DCLII. Inv.
    4345. Tiga Shorei *Vig.* DCLII. Inv.
4346—4347. Tiga Rafflesii *Vig.* DCLII. Inv.
    4348. Brachypternus aurantius *L.* DCLIII. Inv.
    4349. Brachypternus erythronotus *V.* DCLIII. Inv.
    4350. Brachypternus chrysonotus *Less.* DCLIII. Inv.
    4351. Brachypternus striaticeps *Rchb.* DCLIII. Inv.
    4352. Chrysocolaptes sultaneus *Hodgs.* DCLIV. Inv.
4353—4354. Chrysocolaptes Baccha *Rchb.* DCLIV. Inv.
    4355. Chrysocolaptes cardinalis *Bp.* DCLIV. Inv.
    4356. Chrysocolaptes menstruus *Scop.* DCLIV. Inv.
4357—4358. Chrysocolaptes haematribon *Wagl.* DCLV. Inv.
    4359. Chrysocolaptes goënsis *Gm.* DCLV. Inv.
    4360. Chrysocolaptes palalaca *Wagl.* DCLV. Inv.
4361—4363. Hemicercus concretrus *Reinw. T.* DCLVI. Inv.
    4364. Hemicercus coccometopus *Rchb.* ♂ DCLVI. Inv.
    4365. Hemicercus coccometopus *Rchb.* ♀ DCLVI.
    4366. Hemicercus canens *Less.* DCLVI. Inv.
    4367. Hem. canens *Lss.* DCLVI., Meiglyptes pyrrhotis *Hdg.* DCLIX. Inv.
    4368. Hem. cordatus *Jrd.* DCLVI., Meiglyptes pyrrhotis *Hdg.* DCLIX. Inv.
    4369. Hem. cordatus *Jrd.* DCLVI., Meiglyptes undatus *L.* DCLIX. Inv.
4370—4371. Meiglyptes tristis *Hrsf.* DCLVII., M. rufus *Gm.* DCLIX. Inv.
    4372. Meigl. pectoralis *Lth.* DCLVII., M. castaneus *Wgl.* DCLIX. Inv.
    4373. Meiglyptes phaioceps *Blyth.* ♀ DCLVII. Inv.
    4374. Meiglyptes badius *Raffl.* DCLVIII. Inv.
4375—4376. Picus gularis *Jerd.* Celeus gularis *Rchb.* DCLVIII. Inv.
    4377. Meiglyptes phaioceps *Blyth.* ♂ DCLVIII. Inv.
4378—4379. Meiglyptes pyrrhotis *Hodgs.* DCLIX. Inv.
    4380. Meiglyptes undatus *L.* DCLIX. Inv.
4381—4382. Meiglyptes rufus *Gm.* DCLIX. Inv.
    4383. Meiglyptes castaneus *Wagl.* DCLIX. Inv.
    4384. Celeus Tinnunculus *Wagl.* DCLX. Inv.
4385—4386. Celeus multicolor *Gm.* DCLX. Inv.

4387—4388. Celeus cinnamomeus *Gm.* DCLX. Inv.

4389—4390. Celeus jumana *Spix.* DCLX. Inv.

4391—4392. Celeus flavescens *Gm.* DCLXI. Inv.

4393—4394. Celeus ochraceus *Spix.* DCLXI. Inv.

4395—4396. Celeus exalbidus *Gm.* DCLXI. Inv.

4397. Celeus semicinnamomeus *Rchb.* DCLXI. Inv.

4398—4399. Chloronerpes percussus *T.* DCLXII. Inv.

4400—4401. Centurus superciliaris *T.* DCLXII. Inv.

4402—4403. Centurus carolinus *L.* DCLXIII. Inv.

4404—4405. Centurus striatus *Lath.* DCLXIII. Inv.

4406. Centurus radiolatus *Wagl.* DCLXIII. Inv.

4407—4408. Centurus erythrophthalmus *Licht.* DCLXIV. Inv.

4409—4410. Centurus ornatus *Less.* DCLXIV. Inv.

4411—4412. Centurus sulfuriventer *Rchb.* DCLXIV. Inv.

4413—4414. Centurus hypopolius *Wagl.* DCLXV. Inv.

4415—4416. Centurus subelegans *Sw.* DCLXV. Inv.

4417—4418. Centurus gradatus *Lcht.*, Colaptes lignarius *Mol.* DCLXV. Inv.

4419—4420. Picus auratus *L.* Colaptes auratus *Sws.* DCLXVI. Inv.

4421. Colaptes Ayresii *Aud.* DCLXVI. Inv.

4422—4423. Colaptes rubricatus *Licht.* DCLXVI. Inv.

4424. Colaptes collaris *Vig.* DCLXVII. Inv.

4425—4426. Colaptes pitius *Mol.* DCLXVII. Inv.

4427. Colaptes Fernandiae *Vig.* DCLXVII. Inv.

4428—4429. Colaptes rupicola *D'Orbg.* DCLXVIII. Inv.

4430—4431. Colaptes Rivolii *Boiss.* DCLXVIII. Inv.

4432. Colaptes canipileus *D'Orbg.* ♂ DCLXVIII. Inv.

4433—4434. Colaptes cactorum *D'Orbg.* DCLXIX. Inv.

4435. Colaptes ligniarius *Rchb.* DCLXIX. Inv.

4436. Colaptes nigriceps *D'Orbg.* DCLXIX. Inv.

4437—4438. Chrysoptilus campestris *Wagl.* DCLXX. Inv.

4439—4440. Chrysoptilus subcampestris *Malh.* DCLXX. Inv.

4441. Chrysoptilus Buffonii *Kuhl.* DCLXX. Inv.

4442—4443. Chrysoptilus cajennensis *Sws.* DCLXXI. Inv.

4444—4445. Chrysoptilus melanochloros *Gm.* DCLXXI. Inv.

4446. Chrysoptilus icteromelas *V.* DCLXXI. Inv.

4447—4448. Campethera schoënsis *Rpp.* DCLXXII. Inv.

4449—4450. Campethera aethiopica *Hembr.* DCLXXII. Inv.

4451—4452. Campethera namaqua *Licht.* DCLXXII. Inv.

4453—4454. Campethera notata *Licht.* DCLXXIII. Inv.

4455—4456. Campethera punctuligera *Licht.* DCLXXIII. Inv.

4457—4458. Campethera chrysura *Sw.* DCLXXIII. Inv.
    4459. Campethera fulviscapa *Ill.* DCLXXIV. Inv.
    4460. Chloronerpes polyzonus *T.*, C. fulviscapa *Ill.* DCLXXIV. Inv.
4461—4462. Campethera Hembrichii *Ehr.* DCLXXIV. Inv.
    4463 Campethera minuta *T.* DCLXXIV. Inv.
4464—4465. Campethera variolosa *Licht.* DCLXXV. Inv.
    4466.   DCLXXV. Inv.
4467—4468. Chloronerpes oleagineus *Licht.* DCLXXV. Inv.
4469—4470. Scolecotheres capensis *Gm.* DCLXXVI. Inv.
4471—4472. Scolecotheres spodocephalus *Bp.* DCLXXVI. Inv.
4473—4474. Scolecotheres poliocephalus *Bp.* DCLXXVI. Inv.
4475—4476. Scolecotheres Goertan *Gm.* DCLXXVI. Inv.
    4477. Geocalaptes arator *Cuv.* ☿ DCLXXVII. Inv.
    4478. Geocalaptes arator *Cuv.* ♀ DCLXXVII. Inv.
    4479. Geocalaptes arator *Cuv. juv.* DCLXXVII. Inv.
4480—4482. Picumnus Temminckii *Lafr.* DCLXXVIII. Inv.
4483—4484. Picumnus cinnamomeus *Wgl.* DCLXXVIII. Inv.
    4485. Hemilophus Lichtensteinii *Wgl.*, Tiga tritactyla *Hrsf.* DCLII.
            Inv. u. Avocettula euryptera *Ldd.* DCLXXIX. Inv. Troch.
    4486. H. Lichtensteinii *Wgl.*, Avocettula euryptera *Ld.* DCLXXIX. Inv.
4487—4488. Picus Cabanisii *Mlh.*, Avoc. recurvirostris *Sw.* DCLXXIX. Inv.
    4489. Colaptes cinereicap. *Rb.* DCLXXX., Av. recurv. *Sw.* DCLXXIX. Inv.
    4490. Colapt. cinereicapillus *Rb.*, Mellisuga minima *L.* DCLXXX. Inv.
4491—4492. Chloronerpes Warscewiczii *Rb*, Mellis. min. *L.* DCLXXX. Inv.
    4493. Chrysoptilus peruvian. *Rb.* DCLXXXI, Mellis. min. *L.* DCLXXX. Inv.
    4494. Chrysoptilus peruvianus *Rb.*, Coeligena Juliae *Brc.* DCLXXXI. Inv.
    4495. Meiglyptes loricatus *Rb.*, Coeligena Juliae *Brc.* DCLXXXI. Inv.
    4496. Meiglyptes loricatus *Rb.*, Coeligena amabilis *Gld.* DCLXXXI. Inv.
    4497. Meiglypt. rufus *Gm.*, Coeligena amabilis *Gld.* DCLXXXI. Inv.
    4498. Meiglypt. rufus *Gm.* DCLXXXI., Coel. furcata *Gm.* DCLXXXII. Inv.
    4499. Erythronerpes callon. *Wth.* DCLXXXI., C. furc. *Gm.* DCLXXXII. Inv.
    4500. Erythr. callonotus *Wth.* DCLXXXI., C. Gyrinno *Rb.* DCLXXXII. Inv.
    4501. Coeligena Gyrinno *Rchb.* DCLXXXII. Inv. Troch.
4502—4503. Coeligena Fanny *Bourc.* DCLXXXIII. Inv. Troch.
4504—4505. Coeligena venusta *Gld.* DCLXXXIII. Inv. Troch.
    4506. Coeligena nigrofasciata *Gld.* DCLXXXIV. Inv. Troch.
4507—4508. Coeligena Eryphile *Less.* DCLXXXIV. Inv. Troch.
4509—4510. Coeligena glaucopis *Gm.* DCLXXXV. Inv. Troch.
4511—4512. Coeligena columbica *Bourc. Muls.* DCLXXXV. Inv. Troch.
4513—4514. Coeligena fulgens *Sw.* DCLXXXVI. Inv. Troch.

4515. Coeligena typica *Bp.* DCLXXXVI. Inv. Troch.
4516—4517. Coeligena Clemenciae *Less.* DCLXXXVII. Inv. Troch.
4518. Coeligena tephrocephala *Less.* DCLXXXVII. Inv. Troch.
4519—4521. Coeligena Ourissia *Gm.* DCLXXXVIII. Inv. Troch.
4522. Coeligena jacula *Gld.* DCLXXXVIII. Inv. Troch.
4523—4524. Coeligena Otero *Tsch.* DCLXXXIX. Inv. Troch.
4525. Coeligena sagitta *Rchb.* DCLXXXIX. Inv. Troch.
4526. Coel. Warszewiczii *Rb.*, Helianthea Iris *Gld.* DCXC. Inv. Troch.
4527—4528. Coeligena sagitta *Rchb.* DCXC. Inv. Troch.
4529—4530. Chlorestes prasina *Less.* DCXCI. Inv. Troch.
4531—4533. Chlorestes Poortmanni *Bourc.* DCXCI. Inv. Troch.
4534—4535. Chlorestes coerulea *Aud. V.* DCXCII. Inv. Troch.
4536—4537. Chlorestes cyanogenys *M. N. W.* DCXCII. Inv. Troch.
4538—4539. Chlorestes nitidissima *Lchst.* DCXCIII. Inv. Troch.
4540—4541. Chlorestes chrysogastra *Bourc.* DCXCIII. Inv. Troch.
4542—4543. Chlorestes Esmeralda *Less.* DCXCIV. Inv. Troch.
4544. Chlorestes Euchloris *Rchb.* DCXCIV. Inv. Troch.
4545—4546. Chlorestes maculicollis *Rchb.* DCXCIV. Inv. Troch.
4547—4548. Chlorestes viridissima *Gm.* DCXCV. Inv. Troch.
4549. Chlorestes Mariae *Bourc.* DCXCV. Inv. Troch.
4550—4551. Chlorestes Malvina *Rchb.* DCXCVI. Inv. Troch.
4552—4553. Chlorestes fuscicauda *Fras.* DCXCVI. Inv. Troch.
4554—4555. Chlorestes Sophiae *Bourc.* DCXCVII. Inv. Troch.
4556—4557. Chlorestes Feliciae *Bourc.* DCXCVII. Inv. Troch.
4558—4559. Chlorestes Edwardsii *Bourc.* DCXCVIII. Inv. Troch.
4560—4561. Chlorestes iodura *Sauc.* DCXCVIII. Inv. Troch.
4562—4563. Chlorestes erythronota *Less.* DCXCIX. Inv. Troch.
4564—4565. Chlorestes viridiventris *Bourc.* DCXCIX. Inv. Troch.
4566—4567. Chlorestes niveiventris *Gld.* DCC. Inv. Troch.
4568. Chlorestes Atala *Less.* DCC. Inv. Troch.
4569—4570. Chlorestes typica *Bourc. Bd.* DCCI. Inv. Troch.
4571—4572. Chlorestes cyanifrons *Bourc.* DCCI. Inv. Troch.
4573—4575. Chlorestes viridipectus *Sauc.* DCCII. Inv. Troch.
4576—4577. Coeligena Wagleri *Less.* DCCII. Inv. Troch.
4578—4580. Chlorestes Haeberlinii *Licht.* DCCIII. Inv. Troch.
4581—4583. Chlorestes Canivetii *Less.* DCCIII. Inv. Troch.
4584—4586. Chlorestes Ramondii *Rchb.* DCCIV. Inv. Troch.
4587. Chlorestes elegans *Aud. V.* DCCIV. Inv. Troch.
4588—4589. Chlorestes iolaimus *Natt.* DCCV. Inv. Troch.
4590. Chlorestes verticeps *Gld.* DCCV. Inv. Troch.

4591—4593. Discura longicauda *Gm.* DCCVI. Inv. Troch.

4594—4595. Discura platura *Lath.* (liongicaudus *Gld.*) DCCVI. Inv. Troch.

4596—4597. Steganura Unterwoodii *Less.* DCCVII. Inv. Troch.

4598—4600. Steg.spatuligera(♀ Orn.Kieneri *Less.*) *R.* DCCVIII.Inv.Troch.

4601—4602. Steganura remigera *Rchb.* DCCVIII. Inv. Troch.

4603—4605. Steganura Addae *Bourc.* DCCIX. Inv. Troch.

4606—4607. Steganura peruana *Gld.* DCCIX. Inv. Troch.

4608—4609. Steganura melananthera *Gld.* DCCX. Inv. Troch.

4610—4614. Tilmatura lepida *Licht.* DCCXI. Inv. Troch.

4615—4617. Lesbia Gouldii *Lodd.* DCCXII. Inv. Troch.

4618—4619. Lesbia gracilis *Gld.* DCCXIII. Inv. Troch.

4620—4621. Lesbia Amaryllis *Bourc.* DCCXIV. Inv. Troch.

4622—4623. Lesbia Victoriae *Bourc.* DCCXV. Inv. Troch.

4624—4625. Lesbia bifurcata *Sw.* DCCXVI. Inv. Troch.

4626—4627. Lesbia Mocoa *Bourc.* DCCXVII. Inv. Troch.

4628—4629. Lesbia forficata *L.* DCCXVIII. Inv. Troch.

4630—4631. Metallura tyrianthina *Lodd.* DCCXIX. Inv. Troch.

4632—4633. Metall.smaragdinicollis *D'Orbg.* DCCXIX. u. DCCXX. Inv. Tr.

4634—4635. Metallura aeneicauda *Gld.* DCCXX. Inv. Troch.

4636—4637. Metallura Sabinae *Bourc.* DCCXX. Inv. Troch.   ✻

4638—4639. Metallura cupreicauda *Gld.* DCCXXI. Inv. Troch.

4640—4641. Chrysuronia chrysura *Less.* DCCXXI. Inv. Troch.

4642—4643. Chrysuronia Oenone *Less.* DCCXXII. Inv. Troch.

4644—4645. Chrysuronia Eliciae *Bourc.* DCCXXII. Inv. Troch.

4646—4649. Chrysolampis mosquitus *L.* DCCXXIII. Inv. Troch.

       4650. Chrysolampis carbunculus *Gm.* DCCXXIII. Inv. Troch.

4651—4652. Sappho sparganura *Shaw.* DCCXXIV. Inv. Troch.

4653—4654. Sappho phaon *Gld.* DCCXXV. Inv. Troch.

4655—4656. Eriocnemis Aline *Bourc.* DCCXXVI. Inv. Troch.

4657—4659. Eriocnemis vestita *Less.* DCCXXVI. Inv. Troch.

4660—4661. Eriocnemis Aureliae *Bourc.* DCCXXVII. Inv. Troch.

4662—4663. Eriocnemis Mosquera *Bourc.* ♀ ? DCCXXVII. Inv. Troch.

4664—4665. Eriocnemis Mosquera *Bourc.* ♂ DCCXXVIII. Inv. Troch.

4666—4667. Eriocnemis Derbyi *Bourc.* DCCXXVIII. Inv. Troch.

4668—4669. Eriocnemis cupriventris *Fras.* DCCXXIX. Inv. Troch.

       4670. Eriocnemis simplex *Gld.* DCCXXIX. Inv. Troch.

4671—4672. Eriocnemis Luciani *Bourc.* DCCXXX. Inv. Troch.

4673—4674. Helianthea Ludoviciae *Bourc.* DCCXXXI. Inv. Troch.

4675—4676. Helianthea Johannae *Bourc.* DCCXXXI. Inv. Troch.

4677—4679. Helianthea typica *Less.* DCCXXXII. Inv. Troch.

4680—4682. Helianthea Eos *Gld.* DCCXXXIII. Inv. Troch.
4683—4684. Helianthea Bonaparti *Bourc.* DCCXXXIV. Inv. Troch.
4685—4686. Helianthea Iris *Gld.* DCCXXXV. Inv. Troch.
4687—4688. Helianthea Lutetiae *Bourc.* DCCXXXVI. Inv. Troch.
4689—4690. Helianthea cupripennis *Bourc.* DCCXXXVII. Inv. Troch.
4691—4692. Helianthea Pamela *D'Orbg.* DCCXXXVIII. Inv. Troch.
4693—4694. Helianthea Castelnaudi *Bourc.* DCCXXXIX. Inv. Troch.
4695—4696. Eriocnemis lugens *Gld.* DCCXL. Inv. Troch.
4697. Eriocnemis D'Orbignyi *Bourc.* DCCXLI. Inv. Troch.
4698—4699. Eriocnemis Derbyi *Bourc.* DCCXLI. Inv. Troch.
4700. Eriocnemis Isaacsoni *Parz.* DCCXLI. Inv. Troch.
4701—4703. Heliodoxa Henrica *Less.* DCCXLII. Inv. Troch.
4704—4705. Heliodoxa rubinoides *Bourc.* DCCXLIII. Inv. Troch.
4706—4709. Heliodoxa rubinea *Lath.* DCCXLIV. Inv. Troch.
4710—4711. Heliodoxa Schreibersii *Lodd.* DCCXLV. Inv. Troch.
4712—4713. Heliodoxa Rhami *Less.* DCCXLVI. Inv. Troch.
4714—4715. Bourcieria Conradi *Bourc.* DCCXLVII. Inv. Troch.
4716—4717. Bourcieria Prunellii *Bourc.* DCCXLVIII. Inv. Troch.
4718—4720. Bourcieria fulgidigula *Gld.* DCCXLIX. Inv. Troch.
4721—4722. Bourcieria torquata *Boiss.* DCCL. Inv. Troch.
4723—4724. Bourcieria Wilsonii *Bourc.* DCCLI. Inv. Troch.
4725—4726. Bourcieria Inca *Gld.* DCCLII. Inv. Troch.
4727—4728. Coeligena purpurea *Gld.* DCCLIII. Inv. Troch.
4729—4730. Chlorestes aureiventris *Bourc.* DCCLIV. Inv. Troch.
4731. Chlorestes mellisuga *L.* DCCLIV. Inv. Troch.
4732—4733. Chlorestes Alice *Bourc.* DCCLIV. Inv. Troch.
4734—4735. Chlorestes Phaëthon *Bourc.* DCCLV. Inv. Troch.
4736. Chlorestes Poucherani *Bourc.* DCCLV. Inv. Troch.
4737. Chlorestes prasina *Less.* DCCLV. Inv. Troch.
4738—4739. Agyrtria Thaumantias *L.* DCCLVI. Inv. Troch.
4740—4741. Agyrtria Thalia *Gld.* DCCLVI. Inv. Troch.
4742—4743. Agyrtr. sp. viridiceps *Gld.* (candidus *Bourc.*?) DCCLVII. Inv. Tr.
4744—4745. Agyrtria albiventris *Less.* DCCLVII. Inv. Troch.
4746. Agyrtria viridipallens *Bourc.* DCCLVIII. Inv. Troch.
4747—4748. Agyrtria margaritacea *Gm.* DCCLVIII. Inv. Troch.
4749. Agyrtria brevirostris *Less.* DCCLIX. Inv. Troch.
4750—4751. Agyrtria versicolor *Olf.* DCCLIX. Inv. Troch.
4752—4753. Agyrtria Milleri *Lodd.* DCCLIX. Inv. Troch.
4754—4755. Agyrtria cyanocephala *Mol.* DCCLX. Inv. Troch.
4756—4757. Agyrtria Faustine *Bourc.* DCCLX. Inv. Troch.

4758—4759. Agyrtria quadricolor *V.* DCCLXI. Inv. Troch.
4760—4761. Agyrtria Franciae *Bourc.* DCCLXI. Inv. Troch.
4762—4764. Agyrtria leucogastra *L.* DCCLXII. Inv. Troch.
4765—4766. Agyrtria Goudotii *Bourc.* DCCLXIII. Inv. Troch.
    4767. Coeligena Juliae *Bourc.* DCCLXIII. Inv. Troch.
4768—4770. Agyrtria coeruleigularis *Gld.* DCCLXIV. Inv. Troch.
4771—4772. Agyrtria viridis *Aud. V.* DCCLXV. Inv. Troch.
4773—4774. Agyrtria Buffonii *Less.* DCCLXVI. Inv. Troch.
4775—4776. Agyrtria coeruleiventris *Gld.* DCCLXVII. Inv. Troch.
4777—4779. Hylocharis cyanea *V.* DCCLXVIII. Inv. Troch.
4780—4782. Hylocharis sapphirina *L.* DCCLXIX. Inv. Troch.
4783—4784. Hylocharis lazula *V.* DCCLXX. Inv. Troch.
    4785. Hylocharis coerulescens *Lodd.* DCCLXX. Inv. Troch.
4786—4788. Hylocharis Circe *Bourc.* DCCLXXI. Inv. Troch.
4789—4791. Hylocharis Grayi *Bourc.* DCCLXXII. Inv. Troch.
4792—4793. Hylocharis lactea *Less.* DCCLXXIII. Inv. Troch.
4794—4797. Amazilia Arsinoë *Less.* DCCLXXIV. Inv. Troch.
4798—4799. Amazilia Riefferii *Bourc.* DCCLXXV. Inv. Troch.
4800—4801. Amazilia corallirostris *Bourc.* DCCLXXVI. Inv. Troch.
    4802. Amazilia eximia *Dél.* DCCLXXVI. Inv. Troch.
4803—4804. Amazilia Dumerilii *Less.* DCCLXXVII. Inv. Troch.
4805—4806. Amazilia Amazilicula *Sauc.* DCCLXXVII. Inv. Troch.
4807—4808. Amazilia Devillei *Bourc.* DCCLXXVIII. Inv. Troch.
4809—4810. Amazilia Dubusii *Bourc.* DCCLXXVIII. Inv. Troch.
    4811. Leucippus Turneri *Bourc.* DCCLXXIX. Inv. Troch.
    4812. Leucippus nigrirostris *Rchb.* DCCLXXIX. Inv. Troch.
4813—4815. Leucippus chionurus *Gld.* DCCLXXX. Inv. Troch.
4816—4817. Leucippus chrysobronchos *Shaw.* DCCLXXXI. Inv. Troch.
4818—4819. Leucippus albicollis *V.* DCCLXXXII. Inv. Troch.
4820—4821. Leucippus fallax *Bourc.* DCCLXXXIII. Inv. Troch.
4822—4823. Margarochrysis aurulenta *L.* DCCLXXXIV. Inv. Troch.
4824—4825. Lafresnaya flavicaudata *Fras.* DCCLXXXV. Inv. Troch.
4826—4827. Lafresnaya Gayi *Bourc.* DCCLXXXVI. Inv. Troch.
4828—4829. Lafresnaya Saulae *Bourc.* DCCLXXXVI. Inv. Troch.
4830—4831. Boissonneaua flavescens *Lodd.* DCCLXXXVII. Inv. Troch.
4832—4833. Boissonneaua Matthewsii *Bourc.* DCCLXXXVIII. Inv. Troch.
4834—4835. Platystylopterus rufus *Less.* DCCLXXXIX. Inv. Troch.
4836—4838. Platystylopterus hyperythrus *Cab.* DCCXC. Inv. Troch.
4839—4841. Anthracothorax Mango *L.* DCCXCI. Inv. Troch.
4842—4844. Anthracothorax Prevostii *Bourc.* DCCXCII. Inv. Troch.

4845—4846. Anthracothorax dominicus *L.* DCCXCIII. Inv. Troch.
   4847. Anthracothorax holosericeus *L.* DCCXCIV. Inv. Troch.
   4848. Anthracothorax veraguensis *Gld.* DCCXCIV. Inv. Troch.
4849—4850. Anthracothorax porphyrurus *Shaw.* DCCXCV. Inv. Troch.
4851—4852. Eulampis jugularis *L.* DCCXCVI. Inv. Troch.
4853—4855. Topaza Pella *L.* DCCXCVII. Inv. Troch.
4856—4857. Topaza Pyra *Gld.* DCCXCVIII. Inv. Troch.
4858—4860. Polytmus viridans *Browne.* DCCXCIX. Inv. Troch.
4861—4862. Pampa campyloptera *Less.* DCCC. Inv. Troch.
4863—4864. Saepiopterus lazulus *V.* DCCCI. Inv. Troch.
4865—4866. Campylopterus latipennis *Lath.* DCCCII. Inv. Troch.
4867—4868. Campylopterus ensipennis *Sws.* DCCCIII. Inv. Troch.
   4869. Campylopterus Delattrei *Less.* DCCCIV. Inv. Troch.
   4870. MetalluraWilliami*Bourc.*,Camp.Delattr.*Less.*DCCCIV.Inv.T.
   4871. Campylopterus Cuvierii *Bourc.* DCCCV. Inv. Troch.
   4872. Campylopterus sp. cirrochloris *V.* ? DCCCV. Inv. Troch.
4873—4875. Prognornis macroura *Gm.* DCCCVI. Inv. Troch.
4876—4877. Orthorhynchus exilis *Lath.* DCCCVII. Inv. Troch.
4878—4879. Orthorhynchus cristatus *L.* DCCCVII. Inv. Troch.
4880—4883. Orthorhynchus Delalandii *V.* DCCCVIII. Inv. Troch.
4884—4887. Orthorhynchus Loddiggesii *Gld.* DCCCIX. Inv. Troch.
   4888. Orthorhynchus mirabilis *Lodd.* DCCCX. Inv. Troch.
4889—4891. Lophornis ornata *Gm.* DCCCXI. Inv. Troch.
   4892. Lophornis Helenae *Del.* DCCCXI. Inv. Troch.
4893—4895. Lophornis chalybaea *V.* DCCCXII. Inv. Troch.
   4896. Lophornis Verreauxii *Bourc.* DCCCXII Inv. Troch.
4897—4898. Bellatrix magnifica *V.* DCCCXIII. Inv. Troch.
4899—4900. Bellatrix Reginae ? *Schreib.* DCCCXIII. Inv. Troch.
   4901. Bellatrix Gouldii *Less.* DCCCXIII. Inv. Troch.
4902—4904. Heliactinia chrysolopha *Less.* DCCCXIV. Inv. Troch.
4905—4907. Popelairia tricholopha *Du Bus.* DCCCXV. Inv. Troch.
4908—4910. Gouldia Langsdorfii *V.* DCCCXVI. Inv. Troch.
4911—4914. Gouldia Conversi *Bourc.* DCCCXVII. Inv. Troch.
4915—4918. Rhamphomicron microrhynchum *Boiss.* DCCCXVIII. Inv. Tr.
4919—4921. Rhamphomicron Stanleyi *Bourc.* DCCCXIX. Inv. Troch.
4922—4923. Rhamphomicron heteropogon *Boiss.* DCCCXX Inv. Troch.
4924—4925. Rhamphomicron ruficeps *Gld.* DCCCXXI. Inv. Troch.
4926—4928. Rhamphomicron Herrani *Bourc. Del.* DCCCXXII. Inv. Troch.
4929—4931. Rhamphomicron Lumachellus *Less.* DCCCXXIII. Inv. Troch.
4932—4935. Oxypogon Guerini *Boiss.* DCCCXXIV. Inv. Troch.

4936—4938. Oxypogon Lindeni *Parz.* DCCCXXV. Inv. Troch.
4939—4944. Trochilus Colubris *L.* DCCCXXVI. Inv. Troch.
4945—3947. Trochilus Mavors *Gld.* DCCCXXVII. Inv. Troch.
4948—4949. Trochilus Spencei *Bourc.* DCCCXXVIII. Inv. Troch.
4950—4952. Trochilus amethysticollis *D'Orbg.* DCCCXXIX. Inv. Troch.
4953—4955. Trochilus Clarissa *Long.* DCCCXXX. Inv. Troch.
4956—4957. Trochilus Strophiana *Gld.* DCCCXXXI. Inv. Troch.
4958—4959. Rhamphomicron viola *Gld.* DCCCXXXII. Inv. Troch.
4960—4962. Rhamphomicron dispar *Less.* DCCCXXXIII. Inv. Troch.
4963—4965. Trochilus Anna *Less.* DCCCXXXIV. Inv. Troch.
4966—4968. Trochilus Heloisa *Del.* DCCCXXXV. Inv. Troch.
4969—4972. Trochilus Costae *Bourc.* DCCCXXXVI. Inv. Troch.
4973—4975. Calypte Helenae *Gld.* DCCCXXXVII. Inv. Troch.
4976—4978. Calliphlox amethystina *Gm.* DCCCXXXVIII. Inv. Troch.
4979—4980. Calliphlox amethystoides *Less.* DCCCXXXIX. Inv. Troch.
4981—4983. Calliphlox henicura *V.* DCCCXL. Inv. Troch.
4984—4985. Calliphlox vespera *Less.* DCCCXLI. Inv. Troch.
4986—4989. Calliphlox Angelae *Less.* DCCCXLII. Inv. Troch.
4990—4991. Lucifer cyanopogon *Less.* DCCCXLIII. Inv. Troch.
4992—4995. Lucifer Labrador *Bourc.* DCCCXLIV. Inv. Troch.
4996—4998 Lucifer Elisa *Less.* DCCCXLV. Inv. Troch.
4999—5001. Lucifer Cora *Less.* DCCCXLVI. Inv. Troch.
5002—5003. Lucifer Heliodori *Bourc.* DCCCXLVII. Inv. Troch.
5004—5005. Lucifer Mulsanti *Bourc.* DCCCXLVIII. Inv. Troch.
5006—5008. Lucifer Mitchelli *Bourc.* DCCCXLVIII. Inv. Troch.
5009—5010. Calothorax Bombylius *Rchb.* DCCCXLIX. Inv. Troch.
5011—5013. Calothorax micrurus *Gld.* DCCCXLIX. Inv. Troch.
5014—5016. Lucifer Yarrelii *Bourc.* DCCCL. Inv. Troch.
5017—5018. Lucifer Evelinae ? *Bourc.* DCCCLI. Inv. Troch.
5019—5020. Lucifer Calliope *Gld.* DCCCLI. Inv. Troch.
5021—5023. Selasphorus ruber *L.* DCCCLII. Inv. Troch.
5024—5026. Selasphorus scintilla *Gld.* DCCCLIII. Inv. Troch.
5027—5029. Selasphorus platycercus *Sw.* DCCCLIV. Inv. Troch.
5030—5032. Selasphorus Alexandri *Bourc.* DCCCLV. Inv. Troch.
5033—5034. Crax alector *Lath.* suppl. 272ᵇ. Ras. Col.
    5035. Crax Sloanei *Rchb.* suppl. 272ᵇ. Ras. Col.
    5036. Crax Edwardsii *Rchb.* suppl. 272ᵇ. Ras. Col.
    5037. Crax Albini *Less.* suppl. 272ᵇ. Ras. Col.
    5038. Crax Aldrovandi *Rchb.* suppl. 272ᵇ. Ras. Col.
5039—5041. Crax Alberti *Fras.* suppl. 272ᵇ. Ras. Col.

5042. Crax rubra *T.* suppl. 273ᵇ. Ras. Col.

5043. Crax rubro ⨯ globicera *Rb.*, Penelopina nigra *Fr.* spl. 273ᵇ. R. Col.

5044. Crax rubra Albini *Rb.*, Penelopina nigra *Fr.* spl. 273ᵇ. Ras. Col.

5045. Crax rubro ⨯ Albini *Rb.*, Penelopina nigra *Fr.* spl. 273ᵇ. R. Col.

5046—5047. Penelopina nigra *Fras.* suppl. 273ᵇ. Ras. Col.

5048—5049. Ortalida albiventris *Wagl.* suppl. 271ᵇ. Ras. Col.

5050. Ortalida canicollis *Wagl.* suppl. 271ᵇ. Ras. Col.

5051. Ortalida Mc Calli *Baird.* suppl. 271ᵇ. Ras Col.

5052. Ortalida vetula *Wagl.* suppl. 271ᵇ. Ras. Col.

5053. Penelope Guan *Rchb.* suppl. 271ᵇ. Ras. Col.

5054—5055. Penelope purpurascens *Wagl.* suppl. 271ᵇ. Ras. Col.

5056. Pipile Jaçou *Rchb.* suppl. 271ᶜ. Ras. Col.

5057. Pipile Cujubi *Natt.* suppl. 271ᶜ. Ras. Col.

5058. Pipile cumanensis *Jacq.* suppl. 271ᶜ. Ras. Col.

5059. Pipile Jacquini *Rchb.* suppl. 271ᶜ. Ras. Col.

5060. Pipile Nattereri *Rchb.* suppl. 271ᶜ. Ras. Col.

III. Verzeichniss

der

in L. Reichenbach's: „Neu entdeckte Taubenvögel und Nachträge zu den schon beschriebenen" abgebildeten Vögel.

~~~~~~~~~~~~

1—2. Columbina cruziana *D'Orb.* I. Ras. Col.

3. Metriopeleia Aymara *D'Orb.* I. Ras. Col.

4—5. Leptoptila jamaicensis *L.* I. Ras. Col.

6. Oreopeleia linearis *Prév.* I. Ras. Col.

7. Oreopeleia caniceps *Gundl.* I. Ras. Col.

8—9. Chalcophaps javanica *Gm.* I. Ras. Col.

10. Chalcophaps albicapilla *Gm.* I. Ras. Col.

11—12. Palumbus pulchricollis *Hodg.* II. Ras. Col.

13. ? Columba Selbyi *Rchb.* (Abb.?) Ras. Col.

14. Columba rupestris *Pall.* II. Ras. Col.

15—16. Columba Schimperi *Bp.* II. Ras. Col.

17—18. Chloroenas albilinea *Gr.* II. Ras. Col.

19. Trocaza Meyeri *Marsh.* II. Ras. Col.

20. Chloroenas flavirostris *Wagl.* II. Ras. Col.

21. Chloroenas locutrix *M. N. W.* II. Ras. Col.

22. Stictoenas guinea *L.* II. Ras. Col.

23. Crossophthalmus gymnophthalmus *T.* II. Ras. Col.

24. Streptopeleia vinacca *Gm.* III. Ras. Col.

25. Turtur cinereus *Sonn.* III. Ras. Col.

26. Turtur cambayensis *L.*, chinensis *Scop.* III. Ras. Col.

27. Zenaidura marginella *Woodh.* III. Ras. Col.

28. Haplopeleia erythrogastra *Rchb.* III. Ras. Col.

29. Macropygia Walik-mehra *Rchb.* III. Ras. Col.

30—31. Ptilocalpa griseipectus *Gr.* III. Ras. Col.

32. Chrysoenas luteovirens juv. Feliciae *H. & J.* III. Ras. Col.
33. Kurutreron coralensis *Peale.* III. Ras. Col.
34—35. Ptilinopus fasciatus *Peale.* IV. Ras. Col.
36—37. Ptilinopus purpuratus *Sw.* IV. Ras. Col.
38—40. Ptilinopus Mariae *H. & J.* (Perousii *Peale.*) IV. Ras. Col.
41. Megaloprepia puella *Less.* IV. Ras. Col.
42—43. Megaloprepia assimilis *Gld.* IV. Ras. Col.
44. Laryngogramma gularis *Q. G.* IV. Ras. Col.
45. Osmotreron axillaris *Gr.* IV. Ras. Col.
46. Osmotreron pompadora *Gm.* IV. Ras. Col.
47. Crocopus chlorogaster *Blyth.* IV. Ras. Col.
48. Crocopus phoenicopterus *Lath.* IV. Ras. Col.
49—50. Ptilinopus Mariae *H. & J.* V. Ras. Col.
51. Phalacrotreron nudirostris *Sws.* V. Ras. Col.
52. Phalacrotreron calva *T.* V. Ras. Col.
53. Phalacrotreron crassirostris *Fras.* V. Ras. Col.
54—45. Treron aromatica *Gm.* ♂ V. Ras. Col.
56—57. Treron aromatica *Gm.* ♀ V. Ras. Col.
58. Sphenocercus (Sphenura) Korthalsii *Müll.* V. Ras. Col.
59. Phalacrotreron Delalandii *Bp.* V. Ras. Col.
60. Hemiphaga Novaeseelandiae *Gm.* V. Ras. Col.
61. Zonoenas Forstenii *T.* V. Ras. Col.
62—63. Zonoenas Pinon *Q. G.* V. Ras. Col.
64—65. Myristicivora bicolor *Scop.* VI. Ras. Col.
66—67. Janthoenas albigularis *T.* VI. Ras. Col.
68. Janthoenas castaneiceps *Peale.* VI. Ras. Col.
69. Ducula Paulina *T.* VI. Ras. Col.
70—71. Carpophaga latrans *Peale.* VI. Ras. Col.
72. Carpophaga Pickeringii *Cass.* VI. Ras. Col.
73. Carpophaga Wilkesii *Peale.* VI. Ras. Col.
74. Globicera microcera *Cass.* VI. Ras. Col.
75—76. Globicera Aurorae *Peale.* VI. Ras. Col.
77. Globicera myristicivora *Scop.* VII. Ras. Col.
78. Serresius galeatus *Bp.* VII. Ras. Col.
79. Pleiodus strigirostris *Peale.* VII. Ras. Col.
80. Megapodius Cummingii *Dill.* VII. Ras. Col.
81. Megapodius Wallacei *Gr.* VII. Ras. Col.
82—85. Didus ineptus *L.* VII. Ras. Col.

IV. Verzeichniss

der

in L. Reichenbach's: „Die Singvögel" abgebildeten Vögel.

1—3. Mariposa phoenicotis *Sw.* I. En.

4—5. Mariposa granatina *L.* I. En.

   6. Mariposa tricolor *V.* I. En.

7—9. Astrilda undulata *Pall.* II. En.

10—11. Astrilda cinerea *V.* II. En.

  12. Astrilda rubriventris *V.* II. En.

  13. Astrilda erythronota *Gr.* II. En.

14—15. Habropyga coerulescens *V.* II. En.

  16. Astrilda viridis *Gr.* II. u. Aegintha temporalis *Lath.* III. En.

17—18. Aegintha temporalis *Lath.* III. En.

19—20. Zonaeginthus nitidus *Lath.* III. En.

21—22. Zonaeginthus oculeus *Q. G.* III. En.

23—24. Aidemosyne modesta *Gld.* III. En.

25—33. Amandava punctulata *Br.* IV. En.

34—35. Lagonosticta minima *V.* IV. En.

  36. Lagonosticta ignita *Lath.* IV. En.

  37. Lagonosticta senegala *L.* IV. En.

  38. Lagonosticta rufopicta *Fras.* IV. En.

39—40. Neochmia Phaëton *Gld.* V. En.

41—43. Bathilda ruficauda *Gld.* V. En.

44—46. Stagonopleura guttata *Shaw.* V. En.

47—48. Emblema picta *Gld.* VI. En.

  49. Hypargos Verreauxii *des Murs.* VI. En.

50—51. Nigrita canicapilla *Strickl.* VI. En.

  52. Nigrita fusconota *Fras.* VI. En.

53—54. Coccopygia Dufresnii *V.* VI. En.

55—56. Astrilda nigricauda *Rchb.* VI. En.

128—129. Ploceus bengalensis *L.* XIV. En.
130—132. Munia Maja *L.* XIV und XV. En.
133. Padda verecunda *Rchb.* XV. En.
134—135. Munia ferruginosa *Sparrm.* XV. En.
136—139. Padda oryzivora *L.* XV. En.
140. Padda fuscata *V.* XV. En.
141—142. Uroloncha punctularia *L.* XVI. En.
143—145. Uroloncha nisoria *Syk.* XVI. En.
146—149. Euodice cantans *L.* XVI. En.
150. Euodice malabarica *L.* XVI. En.
151. Lagonosticta rubricata *Cab.* XVII. En.
152. Lepidopygia nana *Puch.* XVII. En.
153—154. Trichogrammoptila melanopygia *Rchb.* XVII. En.
155. Diacmura quinticolor *V.* XVII. En.
156. Diacmura variegata *V.* XVII. En.
157. Diacmura tricolor *V.* XVII. En.
158. Brunhilda erythronota *Gr.* XVIII. En.
159—160. Marquetia elegans *Gm.* XVIII. En.
161—162. Pytelia Mitchelii *Rchb.* XVIII. En.
163—164. Habropyga natalensis *Cab.* XVIII. En.
165—166. Habropyga fimbriata *Rchb.* XVIII. En.
167—168. Sporopipes lepidopterus *Licht.* XIX. En.
169—170. Pholidocoma frontalis *V.* XIX. En.
171. Pholidocoma socius *Lath.* XIX. En.
172. Philagrus Mahali *Sm.* XIX. En.
173. Philagrus superciliosus *Rpp.* XIX. En.
174—177. Coryphegnathus albifrons *Vig.* XX. En.
178—179. Pyrenestes ostrinus *V.* XXI. En.
180. Pyrenestes coccineus *Cass.* XXI. En.
181. Spermospiza guttata *V.* XXI. En.
182—183. Spermospiza haematina *V.* XXI. En.
184—189. Hypochera nitens *Gm.* XXII. En.
190—191. Hypochera ultramarina *Gm.* XXII. En.
192. Pholidocoma musica *V.* XXII. En.
193—199. Euplectes franciscanus *Jsert.* XXIII. En.
200—202. Euplectes Pseudoryx *Buff.* XXIII. En.
203. Euplectes flammiceps *Sw.* XXIII. En.
204—206. Orynx capensis *L.* XXIV. En.
207—209. Orynx xanthomelas *Rpp.* XXIV. En.
210—211. Orynx minor *Sund.* XXIV. En.

212. Vidua superciliosa *V.* XXV. En.
213. Vidua serena *L.* XXV. En.
214—216. Vidua erythrorhyncha *Sw.* XXV. En.
217—218. Tetraenura regia *L.* XXVI. En.
219—220. Niobe ardens *Bodd.* XXVI. En.
221. Penthetria laticauda *Licht.* XXVII. En.
222. Penthetria macroura *Gm.* XXVII. En.
223. Penthetria flaviscapulata *Rpp.* XXVII. En.
224—225. Steganura paradisea *L.* XXVIII. En.
226—227. Steganura sphenura *Verr.* XXVIII. En.
228—229. Urobrachya axillaris *Sm.* XXIX. En.
230—232. Chera caffra *Thunb.* XXIX. En.
233—235. Quelea sanguinirostris *L.* XXX. En.
236—238. Quelea Lathami *Sm.* XXX En.
239—241. Quelea erythrops *Hartl.* XXX. En.
242. Mormolycia larvata *Rpp.* XXX. En.
243. Foudia madagascariensis *L.* XXXI. En.
244—245. Foudia rubra *L.* XXXI. En.
246—247. Foudia erythrocephala *L.* XXXI. En.
248. Foudia borbonica *L.* XXXI. En.
249—256. Taha abyssinica *Gm.* XXXII. En.
257—258. Taha dubia *Sm.* XXXII. En.
259—260. Taha abyssinica *Gm.* XXXII. En.
261. Nelicurvius pensilis ♀ *Gm.* XXXIII. En.
262. Nelicurvius bengalensis *L.* XXXIII. En.
263—265. Nelicurvius fuscicollis *Rchb.* XXXIII. En.
266—268. Nelicurvius Baya *Blyth.* XXXIV. En.
269—272. Nelicurvius emberizinus *Rchb.* XXXIV. En.
273. Ploceolus luteolus *Licht.* XXXV. En.
274—275. Ploceolus personatus *V.* XXXV. En.
276. Ploceolus capitalis *Lath.* XXXV. En.
277—278. Ploceolus hypoxanthus *Daud.* XXXV. En.
279—280. Ploceolus sublarvatus *Müll.* XXXVI. En.
281—282. Ploceolus taeniopterus *Rchb.* XXXVI. En.
283. Ploceolus philippinus *L.* XXXVI. En.
284—285. Ploceolus vitellinus *Licht.* XXXVII. En.
286. Ploceolus melanotis *Guér.* XXXVII. En.
287. Ploceolus nigrifrons *Cab.* XXXVII. En.
288—289. Simplectes bicolor *V.* XXXVII. En.
290. Ploceus aureus *Lath.* XXXVIII. En.

291. Ploceus cucullatus *Sw.* XXXVIII. En.
292—294. Ploceus textor *L.* XXXVIII. En.
295—296. Ploceus cyclospilus *Rchb.* XXXVIII. En.
297. Ploceus galbula *Rpp.* XXXIX. En.
298—299. Ploceus larvatus *Rpp.* XXXIX. En.
300—301. Ploceus flavoviridis *Rpp.* XXXIX. En.
302—303. Ploceus spilonotus *Vig.* XL. En.
304—305. Ploceus chloronotus *Rchb.* XL. En.
306. Ploceus Brandtii *Rchb.* XL. En.
307. Ploceus grandis *Gr.* XLI. En.
308. Ploceus brachypterus *Sw.* XLI. En.
309—310. Ploceus badius *Cass.* XLI. En.
311. Ploceus rubiginosus *Rpp.* XLI. En.
312. Xanthophilus aurcoflavus *Sm.* XLII. En.
313. Xanthophilus sulfureus *Rchb.* XLII. En.
314. Oriolinus subaureus *Sm.* XLII. En.
315—316. Oriolinus capensis *Sm.* XLII. En.
317—318. Oriolinus aurifrons *T.* XLIII. En.
319. Hyphantornis aurantius *V.* XLIII. En.
320. Hyphantornis Grayi *Verr.* XLIII. En.
321. Hyphantornis ocularius *Sm.* XLIII. En.
322. Amauresthes fringilloides *Lafr.* XLIV. En.
323. Anaplectes melanotis *Lafr.* XLIV. En.
324. Anaplectes Sancti Thomae *Hartl.* XLIV. En.
325. Hyphantornis nigricollis *V.* XLIV. En.
326. Pyrgitopsis Swainsonii *Rpp.* XLV. En.
327—328. Dinemellia leucocephala *Rpp.* XLV. En.
329. Textor erythrorhynchus *Sm.* XLV. En.
330. Alectornis albirostris *Sws.* XLV. En.
331. Sycobius cristatus *V.* (Abb.?) En.
332—334. Sycobius rubricollis *Sws.* (Abb.?) En.
335. Sycobius nitens *Gr.* (Abb.?) En.

V. Alphabetischer Index

zu

L. Reichenbach's „Handbuch der speciellen Ornithologie," den „neuentdeckten Taubenvögeln" und den „Singvögeln."

Abdimii (Sphenorhynchus) XCIII 455.
abnormis (Sasia) DCXVIII 4119.
Aburria carunculata CLXXI 1500.
abyssinica (Coracias) CCCCXXXI 3181.
abyssinica (Phalacrotreron) CXLIX 1345/6.
abyssinica (Rallina) CXXI 1193.
abyssinica (Taha) XXXII 249/56. 259/60. En.
Acalanthe psittacea XI 96. En.
Acanthisitta chloris (3577/8).
Acanthisitta longipes (3575).
Acanthisitta punctata (3576).
Acanthogenys rufigularis CCCCXCIII 3472/3.
Acanthorhynchus superciliosus t.488 f. 3447/8.
Ac. tenuirostris CCCCLXXXVIII 3445/6.
Acomus erythrophthalmus CCXXXV 2009/10.
Acomus purpureus CCXXXV 2007/8.
Actenoides Hombroni CCCCXXII 3147.
Actitis empusa CCCXXXVI 2655/6.
Actitis hypoleuca LXXIV 593.
Actitis macroptera LXXIV 592.
Actiturus Bartraminus LXXIV 590.
Act. macularius t. 74, 591. t. 358, 2811/2.
acuta (Dafila) L 221/3.
acuticauda (Poëphila) IX 82/3. En.
acuticauda (Sterna) CCLXX 2257.
acuticaudatus (Anumbius) DXXI 3607.
Adansonii (Merops) CCCCXLVIII 3243.
Addae (Steganura) DCCIX 4603/5.
Adelberti (Chalcomitra) DLXVIII 3876/7.
Adeliae (Dasyrhamphus) I 5.
Adeliae (Spheniscus) I 5. CCLXIV 2219.
adspersa (Botaurus) LXXXVII 501/2.
adspersa (Limosa) LXXVI 573.
adspersus (Tinamus) CLXXXII 1560.

adunca (Anas Boschas) XLVIII 213/4.
Aegialitis Azarae XCVIII 727.
Ae. bicinct. XCVIII 712/3. CCXCVIII 2421/3.
Aegialitis bitorquatus XCVIII 724.
Aegialitis cantianus XCVIII 728/9.
Aegialitis caspius CV 1064.
Aegialitis coronatus XCIX 704.
Aegialitis cucullatus XCVIII 720.
Aegialitis Geoffroyi CV 1061.
Ae. hiaticula XCVIII 710 1. CV 1062.
Aegialitis inornatus CCXCVIII 2426/7.
Aegialitis melanops XCVIII 707/8.
Aegialitis melanopterus XCIX 705.
Aegialitis melodus CCCLXIV 2842/3.
Aegialitis minor XCVIII 714 9.
Ac. monachus XCVIII 720. CCCXL 2677/8.
Aegialitis montanus CCCLXIV 2846.
Ac. nigrifr. XCVIII707/8. CCXCVIII2419/20.
Aegialitis Okenii XCVIII 722.
Aegialitis pecuarius XCIX 706. CV 1063.
Aegialitis pyrrhothorax CCCLXIV 2840/1.
Ae. ruficapillus t. 98, 730/1. t. 298, 2424/5.
Ac.semipalmat.XCVIII721. CCCLXIV2844/5.
Aegialitis vociferus XCVIII 725 6.
Ae.Wilsonius XCVIII 723. CCCLXIV 2847/8.
Aegialitis zonatus XCVIII 709.
Aegintha temporalis III 16/18. En.
aegithaloides (Leptasthenura) DXIX 3595/6.
aegyptiacus (Chenalopex) LIX 236/7.
aegyptius (Merops) DC 3545/6.
aegyptius (Pluvianus) CCXLVIII 2120/3.
aenea (Arachnechthra) DLXXX 3945/6.
aenea (Carpophaga) 3359. (Abb. ?)
aenea (Microchelidon) DLVIII 3797.

13

acneicauda (Metallura) DCCXX 4634/5.
aeneus (Gallus) CCXL 2036. DIX 3541.
aeneus (Metopidius) CXI 1124/5.
aequatorialis (Junx) DCXVIII 4124.
aequinoctialis (Puffinus) XII 340/1.
aethereus (Phaëthon) CCLXXVII 2299.
actbericus (Phaëthon) XXX 349.
aethiopica (Campethera) DCLXXII 4449/50.
aethiopica (Threskiornis) LXXXI 539/40.
afer (Francolinus) CC 1747/8.
affinis (Arachnothera) DXCIV 4026/7.
affinis (Chloronerpes) DCXXIV 4159/60.
affinis (Columba) CXXXI 1248.
affinis (Coracias) CCCCXXXIV 3186.
affinis (Cyanomitra) DLXXIII 3907.
affinis (Lepidocolaptes) DCIII 4058.
affin. (Nectar.) DLXIX 3879/80. DCV 4066/7.
affinis (Oedicnemus) CCC 2440/1.
affinis (Ortyx) CXCIII 1675/6.
affinis (Pardalotus) (3806/7).
affinis (Sterna) XIX 267.
affinus (Oedicnemus) CIV 661.
affinus (Totanus) CCLXXXIX 2373.
afra (Chalcopeleia) (3531/2).
afra (Cinnyris) DLXXV 3914/5.
afra (Colaris) CCCCXXXVIII 3201/2.
afra (Lissotis) CCLIV 2165/7.
africana (Erismatura) XLIV 899.
africana (Parra) CXI 1121/2.
africanus (Chenalopex) LVII 942/3.
africanus (Graculus) XXXIV 867.
africanus (Turnix) CCIV 1773/5.
Agami (Ardea) XCI 470. LXXXIX 471. 1026/7.
agile (Piprisoma) DLVIII 3802.
Agyrtria albiventris DCCLVII 4744/5.
Agyrtria brevirostris DCCLIX 4749.
Agyrtria Buffonii DCCLXVI 4773/4.
Agyrtria (candidus?) DCCLVII 4742/3.
Agyrtria coerulcigularis DCCLXIV 4768/70.
Agyrtria coerulciventris DCCLXVII 4775/6.
Agyrtria cyanocephala DCCLX 4754/5.
Agyrtria Faustine DCCLX 4756/7.
Agyrtria Franciae DCCLXI 4760/1.
Agyrtria Goudotii DCCLXII 4765/6.
Agyrtria leucogastra DCCLXII 4762/4.
Agyrtria margaritacea DCCLVIII 4747/8.
Agyrtria Milleri DCCLIX 4752/3.
Agyrtria quadricolor DCCLXI 4758/9.
Agyrtria Thalia DCCLVI 4740/1.
Agyrtria Thaumantias DCCLVI 4738/9.
Agyrtria versicolor DCCLIX 4750/1.
Agyrtria viridiceps DCCLVII 4742/3.

Agyrtria viridipallens DCCLVIII 4746.
Agyrtria viridis DCCLXV 4771/2.
Aidemonia cuprea DLXXI 3894/5.
Aidemonia Tacazze DLXXI 3896.
Aidemosyne modesta III 23/4. En.
Aithopyga chalcopogon DLXXXVI 3982/3.
Aithopyga eximia DLXXXVII 3984/5.
Aithopyga goalpariensis DLXXXIV 3968/70.
Aithopyga Gouldiae DLXXXIII 3965/6.
Aithopyga ignicauda (3973/5).
Aithopyga nepalensis (3976/8).
Aithopyga saturata DLXXXVII 3986.
Aithopyga siparaja DLXXXIV 3971/2.
Aithopyga Temminckii DLXXXIV 3967.
Aithopyga Vigorsii DLXXXVI 3979/81.
Alario personatus XIV 125/6. En.
alba (Chionis) CLXXIX 1545/6.
alba (Ciconia) XCIII 449/50.
alba (Gygis) XXI 818/9.
alba (Harpiprion) LXXXI 536.
alba (Herodias) XCII 1028/9.
alba (Ibis) CCCLXI 2825/6.
alba (Seleucides) DCXII 4092/3.
albellus (Mergellus) XXXIX 85/7.
albeola (Clangula) XL 105/6.
Alberti (Crax) suppl. 272 b. 5039/41.
albescens (Schoeniclus) CCCXXXVI 2658/60.
albescens (Synallaxis) DXVIII 3592.
albescens (Tringa) LXXIII 633/4.
albicapilla (Chalcophaps) I 10. Nov. Col.
albicapillus (Lobivanellus) C 682/3.
albiceps (Cranioleuca) (3616).
albiceps (Lobivanellus) CCXCIX 2432.
albicilla (Todiramphus) CCCCXVII 3130.
albicollis (Dendrocopos) DXXXIX 3692.
albicollis (Leucippus) DCCLXXXII 4818,9.
albicollis (Merops) CCCCXLIX 3246/7.
albicollis (Rhynchops) LXIV 975.
albicollis (Theristicus) LXXX 531/2.
albifrons (Anarhynchus) CIV 658.
albifrons (Anser) LIX 238/9.
albifrons (Conirostrum) DLI 3750.
albifrons (Coryphegnathus) XX 174/7. En.
albifrons (Glyciphila) CCCCLXXXVII 3442,3.
albigena (Sterna) XXI 816.
albigula (Graculus) CCLXXIX 2309/10.
albigular. (Conopoph.) CCCCLXXXIX 3450.
albigularis (Galbula) CCCCLV 3269.
albigularis (Janthoenas) VI 66/7. Nov. Cat.
albigularis (Melithreptus) DI 3503,5.
albilatera (Diglossa) DLIII 3758.
albilinea (Chloroenas) II 17,8. Nov. Col.

Apteryx austr. LXXXIII 1015.6. CCLX 2191/3.
Apteryx Owenii CCCXLIII 2692/3.
aquaticus (Rallus) CXV 1143/5.
Aquila (Fregata) XXXI 372.
arabs (Eupodotis) CCLVII 2180/1.
Arachnechthra aenea DLXXX 3945,6.
Arachnechthra asiatica DLXXIX 3939/41.
Arachnechthra Lotenia DLXXIX 3937,8.
Arachnocestra crassirostris DXCII 4016.
Arachnocestra longirostris DXCII 4018/9.
Arachnocestra uropygialis DXCII 4017.
Arachnoraphis armata DXCIV 4029.
Arachnoraphis flaviventris DXCII 4014/5.
Arachnoraphis Novae Guineae DXCIV 4030.
Arachnoraphis robusta DXCIV 4031.
Arachnoraphis simplex DXCIV 4028.
Arachnothera affinis DXCIV 4026/7.
Arachnothera chrysogenys DXCII 4020.
Arachnothera inornata DXCIII 4021/2.
Arachnothera latirostris DXCIII 4024/5.
Arachnothera magna DXCIII 4023.
Aracuan (Ortalida) CLXX 1492/3.
aradoides (Asthenes) DXXVIII 3642.
Aramus Guarauna CXXVII 434.
aranea (Sterna) XXII 826,7.
arator (Geocalaptes) DCLXXVII 4477/9.
Arbelorhina caerebicolor DCVI 4068.
Arbelorhina coerulea (3770/1).
Arbelorhina nitida (3772) DCVI 4069/70.
arborea (Dendrocygna) CCLXXXVII 2359.
arctica (Fratercula) CCCXLIV 23/5.
arctica (Mormon) III 29.
arctica (Sterna) XX 274/80.
arcticus (Apternus) (4189,91).
arcticus (Colymbus) V 49/52.
arcticus (Proctopus) VII 742/4.
arcuata (Dendrocygna) LI 171/2.
arc. (austral.) (Dendrocygna) t. 335, 2650/1.
Ardea Agami XCI 470. LXXXIX 471. 1026/7.
Ardea Ardetta LXXXVII 496/7.
Ardea atricollis XC 1022/3.
Ardea brag XC 1021.
Ardea bubulcus LXXXIX 474.
Ardea Bullaragang LXXXIX 473.
Ardea cinerea XCI 462/4.
Ardea cocoi XCI 461.
Ardea coerulea LXXXIX 481.
Ardea coerulescens LXXXIX 481.
Ardea cyanopus XC 1022/3.
Ardea Goliath XCI 457/8.
Ardea Grayi CCXCIV 2397.
Ardea Herodias XCI 459,60.

Ardea jugularis CCCII 2451/2.
Ardea leucogaster LXXXIX 479/80.
Ardea leucogastra CCCXX 2568.
Ardea leucophoea CCCLXII 2432/3.
Ardea Magnari XCI 461.
Ardea minuta LXXXVII 496/7.
Ardea nigerrima LXXXIX 472.
Ardea Novae Guineae LXXXIX 472.
Ardea Novae Hollandiae CCXCIV 2398/9.
Ardea pacifica LXXXIX 473. CCXCIV 2400.
Ardea purpurea XCI 467/9.
Ardea rectirostris CCCXXXVIII 2671.
A. rufescens LXXXIX 478. CCCLXII 2430/1.
Ardea scapularis LXXXVIII 491.
Ardea schistacea LXXXIX 475/7.
Ardea sibilatrix XCI 465.
Ardea Typhon XCI 466.
Ardea virescens LXXXVIII 489,90.
ardens (Niobe) XXVI 219/20. En.
Ardeola bicolor LXXXVII 492.
Ardeola cinnamomea LXXXVII 495.
Ardeola comata LXXXVII 493/4 b.
Ardeola (Dromas) XCV 440/2.
Ardeola gutturalis XC 1024.
Ard.leucoptera LXXXVII 500. LXXXVII 1025.
Ard. malacc. LXXXVII 500. LXXXVII 1025.
Ardeola ralloides LXXXVII 493/4 b.
Ardeola russata LXXXVII 492.
Ard. speciosa LXXXVII 500. LXXXVII 1025.
Ardeola Veranii XCV 1073.
Ardetta (Ardea) LXXXVII 496/7.
Ardetta cinnamomea CCXCIV 2396.
Ardetta exilis LXXXVII 498,9.
A. flavicoll. CCXCII 2393/5. CCCLXIII 2434.
Ardetta macrorhyncha CCCXXXVIII 2669/70.
Ardetta pusilla CCCXXXVII 2665/6.
Ardetta stagnatilis CCCXXXVII 2667/8.
Ardetta Sturmii CCXCIII 2392.
arenaria (Calidris) LXXII 605,7.
arenarius (Pterocles) CCVII 1809,12.
Argala (Leptoptilos) XCIV 447/8.
argentatus (Larus) XXVII-312/5.
argentatus (Nycthem.) CCXXXVI 2011/6.
argenticeps (Tropidorhynchus) DVI 3522.
Argoondah (Coturnix) CXCI 1652.3.
Argus (Amadina) XII 108. En.
Argus giganteus CCXXV 1964/6.
Ariel (Fregata) XXXI 375. CCCXVI 2545,6.
armata (Arachnoraphis) DXCIV 4029.
arm. (Mergan.) XLIV 897. CCLXXXII 2323/4.
armatus (Hoplopterus) XCIX 700.
aromatica (Treron) V 54/7. Nov. C.

arquatrix (Stictoenas) CXXXI 1251/2.
arquatus (Numenius) LXXVIII 539.
Arsinoë (Amazilia) DCCLXXIV 4794/7.
artricollis (Ardea) XC 1022/3.
arvensis (Anser) LX 959/60.
asiatica (Arachnechthra) DLXXIX 3939/41.
asiatica (Sitta) DXI 3548.
Aspasia (Hermotimia) DLXXII 3901.
assimilis (Megaloprepia) IV 42/3. Nov. C.
assimilis (Puffinus) CCCXXVII 2600.
Asthenes aradoides DXXVIII 3642.
Asthenes sordida DXX 3606.
Astrilda cinerea II 10/1. En.
Astrilda erythronota II 13. En.
Astrilda nigricauda VI 55/6. En.
Astrilda rubriventris II 12. En.
Astrilda undulata II 7/9. En.
Astrilda viridis II 16. En.
Atala (Chlorestes) DCC 4568.
Atelornis pittoides CCCCXXXVI 3193.
Atelornis squamigera CCCCXXXVI 3194.
aterrima (Diglossa) DLIII 3759.
Athertoni (Nyctiornis) CCCCLIII 3262/3.
atra (Fulica) CVII 1082/7.
atra japonica (Fulica) CCCLXV 2849.
atrata (Cygnus) LXI 251/2.
atratus (Cygnus) CCLXXXVII 2362.
atricapilla (Chlorophanes) DLI 3746/7.
atricilla (Larus) XXIII 302/3.
atrirostris (Dendrocincla) DXXXV 3674.
Attagis Gayi CLXXXI 1554.
Attagis Latreillei CLXXXI 1555/6.
Attagis maluinus CLXXXI 1557.
auclandica (Nesonetta) XLIII 891.
auclandica (Telmatias) LXX 997.
Audouinii (Larus) XXVI 311.
Auduboni (Picus) DCXXXII 4203.
aurantia (Spermophila) XIV 127. En.
aurantia (Sterna) CCLXXI 2260.
aurantius (Brachypternus) DCLIII 4348.
aurantius (Hyphantornis) XLIII 319. En.
auratus (Colaptes) DCLXVI 4419/20.
auratus (Picus) DCLXVI 4419/20.
aurciventris (Chlorestes) DCCLIV 4729/30.
Aureliae (Erioenemis) DCCXXVII 4660/1.
aureoflavus (Xanthophilus) XLII 312. En.
aureus (Ploceus) XXXVIII 290. En.
auricomis (Ptilotis) CCCCLXX 3353/4.
auricularis (Columba) (3373).
auricularis (Craspedoenas) (3363).
auriculata (Zenaida) (3529/30).
aurifrons (Oriolinus) XLIII 317/8. En.

aurifrons (Phyllornis) CCCCLXIV 3316/7.
aurita (Comatotis) CCLII 2150/4.
aurita (Eupodotis) CCCLXXIV 2934.
auritum (Crossoptilon) CCXXX 1986.
auritus (Nettapus) LV 931/2.
auritus (Proctopus) VI 71/3.
auritus (Turtur) CLI 1356/8.
Aurorae (Globicera) VI 75/6. Nov. Col.
aurulenta (Margarochr.) DCCLXXXIV 4822/3.
aurulentus (Chloronerpes) DCXXIII 4150/1.
australasiana (Grus) CCCXLII 2691.
australasiana (Meliornis) CCCCXC 3453/5.
austral. (Apter.) t. 83, 1015/6. t. 260, 2191/93.
austr. (Botaur.) t. 302, 2453. t. 337, 2663/4.
australis (Cyrtostomus) DLXXXIX 3999/4001.
australis (Erismatura) XLIV 902/3.
australis (Eudromias) CV 1065/7.
australis (Eupodotis) CCLIX 2188/90.
australis (Fulica) CCCIII 2455/6.
australis (Glareola) CLXXXIX 1632/3.
australis (Larus) CVI 1077.
australis (Mergus) CCCXVII 2554.
australis (Myctoria) XCIV 445. CCXCII 2387.
australis (Numenius) CCCLX 2824.
australis (Nyroca) CCLXXXII 2326/7.
australis (Ocydromus) CXXIII 1209/10.
australis (Podiceps) VII 937.
australis (Rhynchaea) LXX 999/1000.
australis (Schoeniclus) CCXC 2378/9.
austr. (Scolopax) (Telmatias) CCCLV 2786/7.
australis (Sula) CCLXXVI 2287/8.
australis (Synoicus) CXCII 1659/64.
australis (Tringa) LXXIII 613.
australis (Vinago) (3371/2).
Automolus sulfurascens DXXVI 3633.
autumnalis (Dendrocygna) LI 175.
Avocetta fissipes (Recurvirostra) LXVI 988.
Avocetta (Recurvirostra) LXVI 985/7.
Avocettula euryptera DCLXXIX 4485/6.
Avocettula recurvirostris DCLXXIX 4487/9.
awokera (Gecinus) DCXX 4137/8.
axillaris (Osmotreron) IV 45. Nov. C.
axillaris (Urobrachya) XXIX 228/9. En.
Aymara (Metriopeleia) I 3. Nov. C.
Ayresii (Colaptes) DCLXVI 4421.
Azarae (Aegialitis) XCVIII 727.
azurea (Alcyone) CCCXCVII 3064/5.

Baccha (Chrysocolaptes) DCLIV 4353/4.
Bachmanni (Haematopus) CCCLIV 2779.
badia (Ducula) CXXXVI 1274.
badius (Furnarius) DXLIII 3709.

Botaurus Mokoho LXXXVII 501/2.
Botaurus philippensis LXXXVII 506.
Botaurus stellaris LXXXVII 504/5.
Botaurus undulata LXXXVII 506.
Bourcieria Conradi DCCXLVII 4714/5.
Bourcieria fulgidigula DCCXLIX 4718/20.
Bourcieria Inca DCCLII 4725/6.
Bourcieria Prunellii DCCXLVIII 4716/7.
Bourcieria torquata DCCL 4721/2.
Bourcieria Wilsonii DCCLI 4723/4.
bouroënsis (Philedon) DIII 3513.
brachydactylus (Lagopus) (2929).
Brachypterac.leptosom.CCCCXXXVI 3191/2.
Brachypternus aurantius DCLIII 4348.
Brachypternus chrysonotus DCLIII 4350.
Br.erythronotus DCXXIX 4186.DCLIII4349.
Brachypternus striaticeps DCLIII 4351.
brachypterus (Ploceus) XLI 308. En.
brachypus (Rallus) CCCV 2467/8.
Brachyrham.antiq. t.266,2230/2. t.345,2710/4.
Brachyrhamph. marmoratus t. 345, 2715/20.
Brachyrh. Wumizusume CCCXLV 2708/9.
brachyur(Diomed)XV 345. CCCXXIX 2615/6.
brag (Ardea) XC 1021.
Brandtii (Ploceus) XL 306. En.
Branta rutina XLI 116/8.
brasilianus (Graculus) XXXIII 881/2.
brasiliensis (Chloronerpes) DCXXII 4148/9.
brasiliensis (Mitu) CLXXIII 1512/3.
brasiliensis (Sula) XXIX 851.
Brehmii (Telmatias) LXVIII 556.
Brenta (Bernicla) LVI 228/9.
brevicaudatus (Puffinus) CCLXXII 2271/2.
brevipes (Coereba) DCVI 4071.
brevirostris (Agyrtria) DCCLIX 4749.
brevirostris (Anser) LX 398/9. LX 961.
brevirostris (Graculus) CCLXXXIX 2308.
brevirostris (Numenius) LXXVIII 546.
brevirostris (Podilymbus) CCLXVI 2236.
brevirostris (Rhynchops) XVIII 256.
brevirostris (Sterna) CCLXX 2259.
brevirostris (Tringa) LXXIV 594/5.
Breweri (Anas) CCCLII 2771.
Bridgesii (Larus) CCLXXXI 2317.
Bridgesii (Nasica) DXXX 3651.
bronzina (Haplopelcia) CLXII 1440.
Bruchii (Anser) LX 958.
Brunhilda erythronota XVIII 158. En.
brunneiventris (Diglossa) DLIV 3765.
brunnifrons (Picus) DCXXXV 4226/7.
bubulcus (Ardea) LXXXIX 474.
buccinator (Cygnus) CCCLIII 2775/6.

Buffonii (Agyrtria) DCCLXVI 4773/4.
Buffonii (Chrysoptilus) DCLXX 4441.
Buffonii (Picumnus) DCXVI 4111.
Bullaragang (Ardea) LXXXIX 473.
Bullockii (Merops) CCCCL 3250/1.
Bullockioides (Merops) CCCCL 3248/9.
Bulweri (Procellaria) XIII 787.
Burhinus magnirostris CIV 666.
Butreron Capellei CL 1350/1.

Cabanisii (Picus) DCLXXIX 4487/8.
Caccab. Bonhami t. 198, 1729/30. t. 313, 2526.
Caccabis chukar CXCVII 1725/6.
Caccabis ferruginea CXCVIII 1734/5.
Caccabis graeca CXCVII 1719/24.
Caccabis Heyii CXCVIII 1732/3.
Caccabis melanocephala CXCVIII 1731.
Caccabis petrosa CXCVII 1727/8.
Caccabis rufa CXCVII 1712/8.
cactorum (Colaptes) DCLXIX 4433/4.
caerebicolor (Arbelorhina) DCVI 4068.
caesia (Megaceryle) CCCCXI 3107.
caesia (Rallina) CXXII 1201.
caesia (Sitta) DXI 3546/7.
caesioscapula (Dafila) LI 180.
cafer (Promerops) DCXIII 4094/6.
caffra (Chera) XXIX 230/2. En.
caffra (Eupodotis) CCLVIII 2182/3.
Cairina domestica LIV 198.
Cairina moschata LIV 196/7.
C. moschata domestica LIV 198.　LIV 930.
cajanus (Hoplopterus) XCIX 701.
cajennensis (Chrysoptilus) DCLXXI 4442/3.
cajennensis (Fulica) CXXII 1202.
cajennensis (Harpiprion) LXXIX 522.
cajennensis (Hoplopterus) CI 678/80.
cajennensis (Nycticorax) LXXXVIII 488.
cajennensis (Rallina) CXXI 1198/9.
cajennensis (Sterna) XIX 266.
caledonica (Nycticorax) LXXXVIII 485.
caledonicus (Nycticorax) CCXCIII 2389/80.
Calidris arenaria LXXII 605/7.
Calidris (Totanus) LXXV 580/1.
californica (Callipepla) CCXIX 1914/6.
callaeas (Lobivanellus) C 685. CIII 1057/8.
Callialcyon coromanda CCCCV 3092.
Callialcyon Schlegelii CCCCV 3090 1.
Calliope (Lucifer) DCCCLI 5019 20.
Callipepla californica CCXIX 1914 6.
C. elegans CCXIX 1917.　CCCXC 3033/4.
Callipepla Gambellii CCCXC 3031/2.
Callipepla picta CCCXC 3027/30.

Callipepla plumifera CCCLXX 2886/7.
C. squamata CCXIX 1918/9. CCCXC 3035/7.
Calliphlox amethyst. DCCCXXXVIII 4976/8.
C. amethystoides DCCCXXXIX 4979/80.
Calliphlox Angelae DCCCXLII 4986/9.
Calliphlox henicura DCCCXL 4981/3.
Calliphlox vespera DCCCXLI 4984/5.
Callisitta formosa (3573,4).
Caloenas Gouldiae 2490.
Caloenas nicobarica CLXVI 1467/8.
callon.(Erythron.)t. 626,4169. t 681,4499/500.
Calothorax Bombylius DCCCXLIX 5009/10.
Calothorax micrurus DCCCXLIX 5011/3.
calva (Geronticus) LXXX 533.
c. (Phalacrotr.) CXLIX 1347 (3370). V 52 N. C.
Calypte Helenae DCCCXXXVII 4973/5.
cambayensis (Synoicus) CXCII 1665/7.
cambayensis (Turtur) III 26. Nov. C.
Camelus (Struthio) CCLXII 2198/200.
Campephilus albirostris DCXLVIII 4325/6.
Campephilus Boiei DCL 4338.
Campephilus erythrops DCL 4335/6.
Campephilus galeatus DCL 4337.
Campephilus haematogaster DCLI 4343.
Campephilus imperialis (4314).
C. leucopterylus DCXLVII 4319/20.
C. leucorhamphus DCXLVIII 4327/8.
Campephilus lineatus DCXLVII 4321/2.
Campephilus magellanicus DCXLV 4312/3.
Campephilus Malherbii DCXLVIII 4323/4.
Campephilus mesoleucus DCXLIX 4329/30.
Campephilus percoccineus DCXLIX 4333/4.
Campephilus pileatus DCXLVIII 4317/8.
Campephilus principalis (4315,6).
Campephilus regius DCXLIX 4331/2.
C. robustus DCXLIX 4333/4. DCLI 4339/40.
Campephilus rubricollis DCLI 4341/2.
campestris (Chrysoptilus) DCLXX 4437/8.
campestris (Uropeleia) CLVIII 1406.
Campethera aethiopica DCLXXII 4449/50.
Campethera chrysura DCLXXIII 4457/8.
Campethera fulviscapa DCLXXIV 4459/60.
Campethera Hembrichii DCLXXIV 4461/2.
Campethera minuta DCLXXIV 4463.
Campethera namaqua DCLXXII 4451/2.
Campethera notata DCLXXIII 4453/4.
Campethera punctuligera DCLXXIII 4455/6.
Campethera schoënsis DCLXXII 4447/8.
Campethera variolosa DCLXXV 4464/5.
Camptolaimus labradorus XLIII 895,6.
campyloptera (Pampa) DCCC 4861/2.
Campylopterus sp. cirrochloris DCCCV 4872.

Campylopterus Cuvierii DCCCV 4871.
Campylopterus Delattrei DCCCIV 4869/70.
Campylopterus ensipennis DCCCIII 4867,8.
Campylopterus latipennis DCCCII 4865/6.
camtschatica (Phaleris) CCCXLV 2701/2.
canadensis (Bernicla) LXI 247/8.
canadensis (Grus) CXXVII 429.
canadensis (Picus) DCXXXVIII 4250/1.
canadensis (Sitta) DXIII 3561/2.
canadensis (Tetrao) CCXV 1883 5.
canagica (Bernicla) LVIII 414/5.
cancellatus (Picus) DCXL 4273/4.
Cancroma cochlearia LXXXVI 511/2.
cancrophaga (Halcyon) CCCCII 3086.
candida (Gygis) CCCXXX 2618/9.
candida (Herodias) XCII 1028/9.
candidissima (Herodias) XCII 1031/2.
candidus (Agyrtria) DCCLVII 4742/3.
candidus (Phymatoplepharus)DCXLI 4275/6.
canens (Hemicercus) DCLVI 4366/7.
caniceps (Oreopeleia) I 7. Nov. C.
canicollis (Ortalida) Taf. 271b 5050.
canipileus (Colaptes) DCLXVIII 4432.
Canivetii (Chlorestes) DCCIII 4581/3.
canora (Cinnyris) DLXXIV 3913.
cantans (Euodice) XVI 146/9. En.
cantiaca (Sterna) XIX 262/4.
cantianus (Aegialitis) XCVIII 728/9.
canus (Gecinus) DCXX 4135/6.
canus (Larus) XXVI 304/7.
canus (Tinamus) DVIII 3535,6.
canutus (Tringa) LXXIII 611/2.
Capellei (Butreron) CL 1350/1.
capensis (Coturnix) CXC 1644.
capensis (Daption) CCLXXVIII 2300/1.
capensis (Francolinus) CCII 1764/5.
capensis (Graculus) XXXIV 863/4.
capensis (Grus) CXXIX 1238.
capensis (Oena) CLV 1390,1.
capensis (Oriolinus) XLII 315,6. En.
capensis (Orynx) XXIV 204,6. En.
capensis (Parra) CXI 1122.
capensis (Procellaria) XII 337/8.
capensis (Ramphalcyon) CCCXCIX 3072/3.
capensis (Rhynchaea) LXXI 548,9.
capensis (Scolecotheres) DCLXXVI 4469/70.
capensis (Spatula) L 219 20.
capensis (Sula) CCLXXVI 2292/3.
capensis (Upupa) DXCV 4035.
capensis (Zosterops) CCCCLX 3292/3.
capillata (Leptoptilos) XCIV 446.

cervina (Dacelo) CCCCXXVIII 3164,5.
Ceryle bicincta CCCCVIII 3098.
Ceryle guttata CCCCX 3104.
Ceryle leucomelanura CCCCXVIII 3488.
Ceryle lugubris CCCCVIII 3099/100.
Ceryle rudis CCCCVIII 3097.
ceylonensis (Upupa) DXCV 4036.
ceylonus (Picus) DCXXIX 4186.
Ceyx lepida CCCXCVIII 3066.
Ceyx purpurea CCCXCVIII 3071.
Ceyx rufidorsa CCCXCVIII 3070.
Ceyx tridactyla CCCCLXXVII 3388,9.
chalcites (Chloroceryle) CCCCXV 3120/1.
Chalcomitra Adelberti DLXVIII 3876/7.
Chalcomitra amethystina DLXVII 3861/3.
Chalcomitra cruentata DLXVII 3864/5.
Chalc. natalensis DLXXI 3893. DCVII 4077.
Chalcomitra pusilla DLXVIII 3871/2.
Chalcomitra senegalensis DLXVII 3866,7.
Chalcomitra Stangeri DLXVIII 3875.
Chalcomitra venusta DLXIX 3884.
chalconotus (Graculus) CCLXXX 2316.
Chalcoparcia cingalensis DLXXXVII 3987/8.
Chalcopelcia afra (3531,2).
Chalcopeleia chalcospilos CLXI 1427/8.
Chalcopeleia puella CCCXXV 2593.
Chalcophaps albicapilla I 10. Nov. C.
Chalcophaps chrysochlora CLXIII 1443/4.
Chalcophaps indica CLXIII 1441/2.
Chalcophaps javanica I 8,9. Nov. C.
Chalcophaps Stephani CCCXXVI 2595.
chalcopogon (Aithopyga) DLXXXVI 3982,3.
chalcoptera (Anas) CCCLII 2766/7.
chalcoptera (Galbula) CCCCLV 3267/8.
chalcoptera (Harpiprion) LXXIX 523.
chalcoptera (Phaps) CLXIV 1452/3.
chalcopterus (Cursor.) 249, 2131/2. 509, 3543.
chalcospilos (Chalcopeleia) CLXI 1427/8.
Chalcostetha Macklotii DLXXII 3898,9.
Chalcostetha Zenobia DLXXII 3900.
chalcostigma (Peristera) (3533,4).
chalcurum (Polyplectron) CCXXVII 1973.
chalybaea (Lophornis) DCCCXII 4893/5.
chalybea (Cinnyris) DLXXV 3916,8.
Chamaepeleia cinnamomina CLX 1424 (3379).
Chamaepetes leucogastra CCCIX 2491/2.
Charadrius Aegialitis hiaticula XCVIII 710/1.
Charadrius marmoratus C 691,2.
Charadrius obscurus CV 1068.
Charadrius pluvialis C 687,90.
Charadrius pluvialis orientalis CCCXXI 2571.
Charadrius veredus CCCXL 2679/80.

Char. xanthocheilus C 693. CCCXL 2681/2.
Chaulelasmus Strepera LII 165,7.
Chauna Chavaria CXIII 1134/5.
Chauna Derbyana CXIII 1133.
Chavaria (Channa) CXIII 1134/5.
Chelicutia fuscicapilla CCCCXXIV 3152,3.
Chelicutia pygmaea CCCCXXIV 3154.
Chelicutia striolata CCCCXXIV 3155.
Chenalopex aegyptiacus LIX 236/7.
Chenalopex africanus LVII 942,3.
Chenalopex jubatus LIX 234,5.
Chera caffra XXIX 230/2. En.
chermesina (Myzomela) CCCCLXXXV 3422.
Chettusia gregaria CCXCIX 2430,1.
chilensis (Proctopus) VIII 750.
chiloensis (Mareca) LII 162/3.
chiloënsis (Spheniscus) CCCLXXV 2935,6.
Chimerina cornuta III 23.
Chimerina monocerata CCCXLV 2706/7.
chinensis (Synoicus) CXCII 1668/70.
chinensis (Turtur) III 26. Nov. C.
Chionis alba CLXXIX 1545,6.
Chionis minor CLXXIX 1547.
chionurus (Leucippus) DCCLXXX 4813,5.
Chloëbia Gouldiae X 84/6. En.
Chloëbia mirabilis X 87,88. En.
Chlorestes Alice DCCLIV 4732,3.
Chlorestes aureiventris DCCLIV 4729,30.
Chlorestes Atala DCC 4568.
Chlorestes Canivetii DCCIII 4581,3.
Chlorestes chrysogastra DCXCIII 4540/1.
Chlorestes coerulea DCXCII 4534,5.
Chlorestes cyanifrons DCCI 4571/2.
Chlorestes cyanogenys DCXCII 4536,7.
Chlorestes Edwardsii DCXCVIII 4558/9.
Chlorestes elegans DCCIV 4587.
Chlorestes erythronota DCXCIX 4562,3.
Chlorestes Esmeralda DCXCIV 4542,3.
Chlorestes Euchloris DCXCIV 4544.
Chlorestes Felicine DCXCVII 4556,7.
Chlorestes fuscicauda DCXCVI 4552,3.
Chlorestes Haeberlinii DCCIII 4578/80.
Chlorestes iodura DCXCVIII 4560/1.
Chlorestes iolaimus DCCV 4588,9.
Chlorestes maculicollis DCXCIV 4545/6.
Chlorestes Malvina DCXCVI 4550/1.
Chlorestes Mariae DCXCV 4549.
Chlorestes mellisuga DCCLIV 4731.
Chlorestes nitidissima DCXCIII 4538/9.
Chlorestes niveiventris DCC 4566/7.
Chlorestes Phaëthon DCCLV 4734/5.
Chlorestes Poortmanni DCXCI 4531/3.

conspicillata (Zosterops) CCCCLXI 3295.
conspicillatus (Pelecanus) XXXVII 380,1.
Conversi (Gouldia) DCCCXVII 4911,4.
Cookii(Procellaria)XIV 793. CCLXIX2252/3.
Coqui (Francolinus) DVIII 3537 8.
Cora (Lucifer) DCCCXLVI 4999 5001.
Coracias abyssinica CCCCXXXI 3181.
Coracias affinis CCCCXXXIV 3186.
Coracias caudata CCCCXXXII 3182.
Coracias cyanogastra CCCCXXXII 3183/4.
Coracias garrula CCCCXXXI 3179,80.
Coracias indica CCCCXXXIII 3185.
Coracias madagascariensis CCCCXXXV3190.
Coracias pilosa CCCCXXXIII 3184.
Coracias senegalensis CCCCXXXV 3188.
Coracias Temminckii CCCCXXXIV 3187.
Coracias viridis CCCCXXXV 3189.
coralensis (Kurutreron) III 33. Nov. C.
corallirostris (Amazilia) DCCLXXVI 4800/1.
cordatus (Hemicercus) DCLVI 4368 9.
cordiferra (Parra) CCCIV 2462.
corensis (Patagioenas) (2581).
Corethrura dimidiata CXXV 1222/3.
Corethrura elegans CXXV 1221.
Corethrura Jardinii CXXV 1224.
corniculata (Fratercula) CCCXLIV 28.
corniculata (Mormon) III 30.
corniculatis (Tropidorhynchus) DVI 3523/4.
cornuta (Chimerina) III 23.
cornuta (Palamedea) CXIII 1136 7.
cornutus (Proctopus) VII 745 7.
coromanda (Callialcyon) CCCCV 3092.
coromandeliau.albipennis(Nettap.)LV936/7.
coromandelianus (Nettapus) LV 933,5.
coromandelica (Coturnix) CXC 1645 7.
Coromandelicus(Cursorius)CCXLVIII2127/8.
coronata (Goura) CLXVII 1473 4.
coronata (Paralcyon) CCCCXX 3142.
coronatus (Aegialitis) XCIX 704.
coronatus (Pterocles) CCVIII 1815 6.
Corrira italica XCV 440 2.
Corydon sumatranus CCCCXXXIX 3205 6.
Coryphegnathus albifrons XX 174 7. En.
Corythorn.coerulcoceph.397,3063.477,3387.
Corythornis cristata CCCCIII 3176 7.
Corythornis cyanostigma CCCXCV 3057,8.
Cor. vintsioides t. 396, 3059. t. 480, 3404,5.
coscoroba (Cygnus) LXII 966.
Cosmeteira eques DLXXII 3897.
Costae (Trochilus) DCCCXXXVI 4969,72.
Coturnicoenas hottentotta CLX 1421.
Coturnix Argoondah CXCI 1652 3.

Coturnix capensis CXC 1644.
Coturnix communis CXC 1634 43.
Coturnix coromandelica CXC 1645 7.
C. erythrorhynch. CXCI 1656 7. CCCXI2506.
Coturnix histrionica CCCLXXI 2896 7.
Coturnix Novae Zelandiae CXC 1648 50.
Coturnix pectoralis CXC 1651. CCCXI2508 9.
C. rubiginosa CXCI 1654 5. CCCXI 2507.
Coturnix vulg. japonica CCCLXXI 2898,900.
coyolcos (Ortyx) CCCLXXX 2967,8.
Cranchii(Francolin.)t.203,1770. t.314,2534.
Cranioleuca albiceps (3616).
Craspedocnas auricularis (3363).
Craspedophora magnifica DCXI 4089,91.
crassirostris (Arachnocestra) DXCII 4016.
crassirostris (Oedicnemus) CV 1069.
crassirostris (Phalacrotreron) V 53. Nov. C.
crassirostris (Treron) (2487).
crassirostris (Tringa) CCCXVIII 2557 9.
cratitia (Ptilotis) CCCCLXIX 3345,6.
Crax Alberti 272 b spl. 5039 41.
Crax Albini spl. 272 b. 5037.
C.Aldrovandii CLXXIV 1518. spl.272b. 5038.
Crax alector spl. 272 b. 5033 4.
Crax Blumenbachii CLXXV 1523 4.
Crax carunculata CLXXV 1521,2.
Crax Edwardsii spl. 272 b. 5036.
Crax fasciolata CLXXIV 1515.
Crax globicera CLXXIV 1517.
Crax globulosa CLXXIV 1519,20.
Crax Pseudalector CLXXIV 1516.
Crax rubra CLXXV 1523/4 spl. 273 b. 5042.
Crax rubra Albini spl. 273 b. 5044.
Crax rubro ⋊ Albini spl. 273 b. 5045.
Crax rubro ⋊ globicera spl. 273 b. 5043.
Crax Sloanei spl. 272 b. 5035.
Crax Urumutum CLXXV 1525.
crecca (Querquedula) LI 186 7.
crepidata (Lestris) XXVIII 324 7.
crepitans (Oedicnemus) CIV 662 3. CCC2439.
crepitans (Psophia) CXXVI 1225 6.
crepitans (Rallus) CXV 1148 9.
Crex lugubris CCCXXII 2572 3.
Crex minuta CXVI 1158. CCCXXII 2574.
Crex pratensis CXVI 1152 7.
crinigera (Phlegoenas) CCCXXVI 2596.
crispus (Pelecanus) XXXVI 378 9.
crissoleucus (Apternus) DCXXXI 4197/8.
cristata (Bostrychia) LXXXIII 637.
cristata (Corythornis) CCCCIII 3176 7.
cristata (Fulica) CVII 1090 1.
cristata (Fuligula) XLI 119/23.

cristata (Geotrygon) (2482/3) CCCXXVI 2599.
cristata (Numida) CLXXXVI 1599,600.
cristata (Penelope) CLXXI 1501,2.
cristata (Sterna) XXII 822.
cristatella (Phaleris) III 24/5. CCLXV 2222/3.
cristat. (Eupsychortyx) 370, 2888. 382, 2974 5.
crist.(Gracul.)XXXIV860.CCCXXXIV2645,6.
cristatus (Homorus) DXXV 3629.
cristatus (Hydralector) CXII 1126, 9.
cristatus (Microdactylus) CLXXV 1526/7.
cristatus (Orthorhynchus) DCCCVII 4878,9.
cristatus (Ortyx) CXCIII 1672 3.
cristatus (Pavo) CCXXVIII 1975,83.
cristatus (Podiceps) VI 57/63.
cristatus (Rollulus) CCXIX 1920,2.
cristatus (Sycobius) (331). En.
cristatus (Vanellus) CI 667/71.
Crocopus chlorogaster IV 47. Nov. C.
C. phoenicopt. 149, 1343/14, 1349. 4, 48. N.C.
Crossophthalmus gymnophthalm. II 23 N.C.
Crossophth. Reichenbachii CXXXV 1268.
Crossoptilon auritum CCXXX 1986.
cruenta (Phlegoenas) CXXXIV 1265.
cruentata (Chalcomitra) DLXVII 3864,5.
cruentatum (Dicaeum) DLVI 3773 4.
cruent. (Itag.) CCIII 1771/2. DVIII 3539/10.
crumenifera (Leptoptilos) XCIV 448.
cruziana (Columbina) I 1,2. Nov. C.
Cryptonyx ferrugineus (2539).
cubanensis. (Ortyx) CCCLXXIX 2957/8.
cucullata (Spermestes) XIII 114 5. En.
cucullatus (Aegialitis) XCVIII 720.
cucullatus (Larus) XXIII 296.
cucullatus (Lobivanellus) C 686.
cucullatus (Mergus) XXXIX 88,9.
cucullatus (Ploceus) XXXVIII 291. En.
Cujubi (Pipile) spl. 271 c. 5057.
culminata (Diom.) XVI 796. CCCXXIX 2614.
cumanensis (Pipile) spl. 271 c. 5058.
Cummingii (Megapodius) VII 80. Nov. C.
cuneata(Stictopel.) t.155,1387,9. t.168,1478/9.
cuneat. (Glyphorhynch.) t.708,3640,(3644,5).
cunicularia (Geositta) DXLIX 3736.
Cupido (Tetrao) CCXVII 1896,8.
cuprea (Aidemonia) DLXXI 3894 5.
cupreicauda (Metallura) DCCXXI 4638,9.
cupripennis (Helianthea) t. 737. 4689,90.
cupriventris (Eriocnemis) DCCXXIX 4668/9.
currucarius (Cyrtostomus) DLXX 3890.
Cursor. chalcopter. t. 249, 2131/2. t. 509, 3543.
Cursorius Coromandelicus CCXLVIII 2127/8.
cursorius (Falcinellus) XCVI 657.

Cursorius gallicus CCXLVIII 2124,6.
Cursorius rufus CCCLXXVIII 2955.
Cursorius senegalensis CCXLIX 2129/30.
curvirostra (Boschas) XLVIII 213,4.
curvirostra (Treron) CXLVIII 1337.
curvirostris (Limnornis) DXLVI 3722.
Cuvierii (Campylopterus) DCCCV 4871.
Cuvierii (Euplocomus) CCXXXVII 2022/3.
Cuvierii (Talegallus) CLXXVIII 1538/9.
cyanea (Coereba) (3767,8).
cyanea (Hylocharis) DCCLXVIII 4777/9.
cyanicollis(Eurystomus) CCCXXXVII 3197.
cyanifrons (Chlorestes) DCCI 4571/2.
cyanipectus (Alcyone) CCCXCVI 3000.
cyanipectus (Merops) (3392/3).
cyanocephala (Agyrtria) DCCLX 4754,5.
cyanocephala (Cyanomitra) DLXXIII 3905/6.
c.(Starnoenas)CLXI 1431. CCCLXIX 2879/81.
cyanocephalus (Porphyrio) CIX 1100.
cyanogastra (Coracias) CCCXXXII 3183/4.
cyanogenys (Chlorestes) DCXCII 4536/7.
cyanomelas (Dacnis) DL 3744/5.
cyanomelas (Rhinopomastes) DC 4048/9.
Cyanomitra affinis DLXXIII 3907.
Cyanomitra cyanocephala DLXXIII 3905/6.
Cyanomitra pusilla DCXV 4104,6.
cyanopogon (Lucifer) DCCCLIII 4990,1.
cyanopogon (Phyllornis) CCCCLXIV 3318.
cyanops (Sula) CCLXXVI 2289,90.
cyanopus (Ardea) XC 1022/3.
cyanostigma (Corythornis) CCCXCV 3057/8.
cyanotis (Cittura) CCCCXXIX 3170.
cyanotis (Entomyza) DII 3508,9.
Cyanotreron cyanovirens CXLVI 1324/5.
Cyanotreron monacha CXLIV 1314/5.
cyanovirens (Amblynura) XI 95. En.
cyanovirens (Cyanotreron) CXLVI 1324/5.
cyclospilus (Ploceus) XXXVIII 295/6. En.
cygnoides (Cygnopsis) LXI 249,50. LXV 983.
Cygnopsis cygnoides LXI 249,50. LXV 983.
Cygnopsis cygnoides hybridus LXV 983.
Cygnopsis ferus CCCLIII 2773.
Cygnus americanus CCCLIII 2774.
Cygnus anatoides LXII 966.
Cygnus atrata LXI 251 2.
Cygnus atratus CCLXXXVII 2362.
Cygnus Bewickii LXII 963,4.
Cygnus buccinator CCCLIII 2775,6.
Cygnus coscoroba LXII 966.
Cygnus ferus LXI 961,2.
Cygnus immutabilis LXII 965.
Cygnus islandicus LXII 963,4.

Cygnus melanocephala LXII 967.
Cygnus melanocorypha LXII 967.
Cygnus minor LXII 963,4.
Cygnus musicus LXI 961/2.
Cygnus nigricollis LXII 967.
Cygnus Olor LXI 252/4.
Cygnus plutonia LXI 251/2.
Cymbirhynch. macrorhynch. t. 440. 3209,10.
CyrtonyxMassenat.194.1685,6.t.381.2969,70.
Cyrtonyx ocellatus CCCLXXXI 2971/73.
Cyrtostomus australis DLXXXIX 3999,4001.
Cyrtostomus currucarius DLXX 3890.
Cyrtostomus frenatus DLXXXIX 3998.
Cyrtostomus gularis DLXXXIX 3997.
Cyrtostomus jugularis DLXX 3889.
Cyrtostomus pectoralis DLXX 3891/2.
Cyrtostomus solaris DLXXXIX 3995/6.

Dacelo cervina CCCCXXVIII 3164/5.
Dacelo gigas CCCCXXVII 3161,3.
Dacelo Leachii CCCCXXVI 3159,60.
Dacnis angelica DL 3740.
Dacnis cayana DL 3741/3.
Dacnis cyanomelas DL 3744,5.
Dacnis plumbea DCV 4063.
Dacnis speciosa DCV 4064.
Dafila acuta L 221/3.
Dafila caesioscapula LI 180.
Dafila oxyptera LII 164.
Dafila oxyura L 920/1.
Dafila pyrrhogastra L 923.
Dafila urophasianus CCLXXXIII 2836.
Dalhousiae(Psarisomus)CCCCXXXIX3207/8.
Daption capensis CCLXXVIII 2300/1.
darjellensis (Picus) DCXXXIV 4219,20.
Darwinii (Rhea) CCLXI 2196/7.
Dasyrhamphus Adeliae I 5.
dea (Tanysiptera) CCCCXCIX 3489.
de la Farge (Myzomela)CCCCLXXXIV 3420.
Delalandii (Orthorhynchus) t. 808. 4880/3.
Delalandii (Phalacrotreron) V 59. Nov. C.
Delattrei (Campylopterus) DCCCIV 4869/70.
demersa (Spheniscus) I 12/3. I a. 11/2.
Dendrocincla atrirostris DXXXV 3674.
Dendrocincla fumigata DXXXV 3672.
Dendrocincla turdina DXXXV 3671.
Dendrocincla tyrannina DCIV 4060.
Dendrocolapt.cayenn.537,3681/2.538,3687/90.
Dendroc. platyrhynchus DXXXVI 3676/77.
Dendrocolaptes validus DCIV 4062.
Dendrocopus albicollis DXXXIX 3692.
Dendrocopus falcirostris DXXXIX 3691.

Dendrocopus maior DXXXVI 3679.
Dendr. promeropirhynchus DXXXVI 3678.
Dendrocygna arborea CCLXXXVII 2359.
Dendrocygna arcuata LI 171/2.
Dendr. arcuata (australis) CCCXXXV 2650/1.
Dendrocygna autumnalis LI 175.
Dendrocygna Eytoni CCLXXXVII 2357/8.
Dendrocygna javanica LI 171/2.
Dendrocygna major CCCLII 2768.
Dendrocygna vagans CCLXXXVII 2361.
Dendrocygna viduata LI 173/4.
Dendronessa galericulata LIV 191,5.
Dendronessa sponsa LIV 190,3.
Dendrophila flavipes DXIV 3569,70.
Dendrophila frontalis DXIV 3571/2.
Dendroplex picirostris (3649).
Dendroplex picus (3648).
Dendrortyx barbatus CCCLXXXIV 2990/1.
Dendrortyx leucophrys CCCLXXXIV 2988,9.
Dendrortyx macrourus CCCLXXXIV 2987.
Dendrotreron Hodgsonii (2578,9).
Denhami (Eupodotis) CCLVIII 2184,5.
denisea (Chloroenas CXXXII) 1256.
dentatus(Odontoph.) 194,1690/1. 386,3005,6.
dentirostris (Harpiprion) LXXIX 522.
Derbyana (Chauna) CXIII 1133.
Derbyana (Oreophasis) CLXXII 1508.
Derbyi (Eriocnemis) DCCXXVIII 4666,7.
Desmarestii(Graculus)334,2644. 376,2942 4.
Des Mursii (Schizura) DXVIII 3591.
Devillei (Amazilia) DCCLXXVIII 4807/8.
Diacmura quinticolor XVII 155. En.
Diacmura tricolor XVII 157. En.
Diacmura variegata XVII 156. En.
diademata (Thouarsitreron) CXLVI 1326,7.
Dicaeum chryssorrheum DLVII 3790,1.
Dicaeum cincreum DCVII 4060.
Dicaeum concolor DLVI 3780.
Dicaeum cruentatum DLVI 3773,4.
Dicaeum erythrothorax DLVII 3784,5.
Dicaeum nigrum DLVII 3786,7.
Dicaeum papuense DLVII 3782.
Dicaeum pygmaeum DLVI 3781.
Dicaeum rubescens DLVI 3776,7.
Dicaeum rubrocanum DLVI 3778,9.
Dicaeum rubrum DLVI 3775.
Dicaeum sanguinolentum DLVII 3783.
Dicaeum trigonostigma DLVII 3788,9.
Didunculus strigirostris 176,1528. 309,2497/8.
Didus ineptus VII 82,5. Nov. C.
Dieffenbachii (Ocydromus) CXXIII 1208.
diemensis (Synoicus) CCCXI 2512,3.

15

flavigula (Ptilotis) CCCCLXVI 3328/9.
flavinucha (Chrysophlegma) t. 627, 4171/2.
flavipectus (Ptilonopus) CXLII 1305.
flavipes (Dendrophila) DXIV 3569/70.
flavipes (Platalea) LXXXIV 1017.
flavipes (Totanus) LXXV 582.
flaviprymna (Donacola) VIII 70/1. En.
flavirostris(Anas)XLIX917. CCLXXXIV2343.
flavirostris (Chloroenas) II 20. Nov. C.
flavirostris (Gallinula) CX 1113/5.
flavirostris (Phaëthon) XXX 852/4.
flavirostris (Syma) CCCCXXX 3171/2.
flaviscapulata (Penthetria) XXVII 223. En.
flaviventre (Conirostrum) DLI 3749.
flaviventris (Arachnoraphis) DXCII 4014/5.
flaviventris (Xanthotis) DIII 3512.
flavoviridis (Ploceus) XXXIX 300/1. En.
floridanus (Graculus) CCCL 2751.
fluminea (Porzana) CXVII 1161/2.
fluviatilis (Hydrochelidon) CCCXXX 2622.
forficata (Lesbia) DCCXVIII 4628/9.
formicivorus (Melanerpes) DCXLIII 4295/6.
formosa (Callisitta) (3573/4).
Forsteri (Megapodius) CCCIX 2496.
Forsteri (Prion) X 777.
Forsteri (Zonoenas) V 61. Nov. C.
Foudia barbonica XXXI 248. En.
Foudia erythrocephala XXXI 246/7. En.
Foudia madagascariensis XXXI 243. En.
Foudia rubra XXXI 244/5. En.
Foulehaio musicus CCCCXCVII 3550.
Franciac (Agyrtria) DCCLXI 4760/1.
franciscanus (Euplectes) XXIII 193/9 En.
Francolinus afer CC 1747/8.
Francolinus albiscapus CCI 1753/54.
Francolinus bicalcaratus CCIII 1768.
Francolinus capensis CCII 1764/5.
Francolinus Clappertoni CCI 1757/8.
Francolinus Coqui DVIII 3537/8.
Franc. Cranchii CCIII 1770. CCCXIV 2534.
Francolinus Erkelii CCIII 1769.
Francolinus gariepensis CC 1745/6.
Francolinus gularis CCCXIV 2532.
Francolinus gutturalis CCI 1752.
Francolinus Le Vaillantii CC 1749/50.
Franc. longirostris t. 314, 2535. t. 371, 2901/2.
Francolinus natalensis CCII 1760/1.
Francolinus nudicollis CCII 1766.
Francolinus perlatus CXCIX 1741/2.
Francolinus pictus CXCIX 1743.
Francolinus pileatus CCI 1755/6.
Francolin. ponticerian. 200, 1744. 314, 2533.

Francolinus rubricollis CCII 1767.
Francolinus Rüppelii CCI 1759.
Francolinus subtorquatus CCI 1751.
Francolinus Swainsonii CCII 1762 3
Francolinus vulgaris CXCIX 1738/40.
Franklinii (Larus) XXIV 839.
Franklini var. (Tetrao) CCXV 1886.
Fraseri (Elaeocerthia) DLXXVIII 3934.
Fratercula arctica CCCXLIV 23/5.
Fratercula corniculata CCCXLIV 28.
Fratercula glacialis t. 344, 26/7. t. 265, 2228/9.
Fregata Aquila XXXI 372.
Fregata Ariel XXXI 375. CCCXVI 2545/6.
Fregata leucocephala XXXI 373/4.
Fregilupus ? madagascariensis DXCVI 4039.
frenata (Oreopeleia) CLXI 1433.
frenata(Scolopax)(Telmatias)CCCLVI2788/9.
frenata (Telmatias) LXIX 562.
frenatus (Cyrtostomus DLXXXIX 3998.
frenatus(Phalaropus)LXVII645.LXVII 993/4.
freniger (Picus) DCXXXVII 4243.
Freycinetii (Megapodius) CLXXVII 1534/5.
fringilloides (Amauresthes) XLIV 322. En.
frontalis (Dendrophila) DXIV 3571/2.
frontalis (Pholidocoma) XIX 169/70. En.
frontalis (Zosterops) CCCCLXIII 3307.
fulgens (Coeligena) DCLXXXVI 4513/4.
fulgidigula (Bourcieria) DCCXLIX 4718/20.
Fulica americana t. 107, 1088/9. t. 377, 2950.
Fulica atra CVII 1082 7.
Fulica atra japonica CCCLXV 2849.
Fulica australis CCCIII 2455/6.
Fulica cajennensis CXXII 1202.
Fulica cristata CVII 1090/1.
Fulica gigas CCCIII 2454.
fulicarius (Heliornus) CXIV 1139/40.
fulicarius (Phalaropus) LXVII 650/2.
fuliginiceps (Bathmidura) DXIX 3598.
fuliginosa (Carmelita) DLXXX 3947/8.
ful. (Diomedea) t. 15, 348, 358. t. 329, 2613.
ful. (Sterna) t. 22, 828. t. 65, 976. t. 272, 2265/6.
fuliginosus (Haematopus) CCXCVII 2415/7.
fuliginosus (Picus) DCXL 4269/70.
fuliginosus (Totanus) CCLXXXIX 2369.
Fuligula albipennis CCLXXXV 2350.
Fuligula americana CCCLI 2761/2.
Fuligula collaris XLI 886.
Fuligula cristata XLI 119/23.
Fuligula marila XLII 131/3.
Fuligula mariloides t. 43, 889. t. 351, 2756/7.
Fuligula Novae Zeelandiae XLIII 890.
Fuligula rufitorques CCCLI 2754/5.

Gardeni (Nycticorax) LXXXVIII 484.
gariepensis (Francolinus) CC 1745,6
Garnotii (Halodroma) IX 761.
garrula (Coracias) CCCCXXXI 3179/80.
garrula (Myzantha) CCCCXCIV 3476/7.
garrula (Ortalida) CLXIX 1491.
garzetta (Herodias) XCII 1033/5.
Gaudichaudi (Monachalc.) CCCCXXV 3156.
Gayi (Attagis) CLXXXI 1554.
Cayi (Lafresnaya) DCCLXXXVI 4826/7.
Gecinus algirus DCXX 4134.
Gecinus awokera DCXX 4137/8.
Gecinus canus DCXX 4135/6.
Gecinus dimidiatus DCXXI 4141/2.
Gecinus Guerini DCXXII 4144/5.
Gecinus occipitalis DCXXI 4139/40.
Gecinus squamatus DCXXVII 4174/5.
Gecinus striolatus DCXXI 4143.
Gecinus viridis DCXX 4131/3.
genibarbis (Xenops) DXLI 3697/8.
Geocalaptes arator DCLXXVII 4477/9.
Geoffroyi (Aegialitis) CV 1061.
Geoffroyi (Glareola) CLXXXVIII 1626.
G. (Peristera) CLXI 1430. CCCLXIX 2870/1.
Geopeleia humeralis CLV 1383/4.
Geopeleia Maugei (3380).
Geopeleia striata CLV 1385/6.
Geopeleia tranquilla CLXVIII 1476/7.
Geophaps plumifera CLXV 1461/2.
Geophaps scripta CLXV 1463/4.
Geophaps Smithii CLXV 1465/6.
Geositta cunicularia DXLIX 3736.
Geositta fissirostris DXLIX 3735.
Geositta maritima DXLIX 3738,9.
Geositta tenuirostris DXLIX 3737.
Geotrygon cristata (2482/3). CCCXXVI 2599.
Geronticus calva LXXX 533.
Geronticus papillata LXXX 534.
Geronticus spinicollis LXXXII 1009/10.
gigantea (Megaceryle) 409, 3103. 408, 3486.
gig. (Procellaria) XII 332. CCCXXVIII 2612.
gigantea (Telmatias) LXIX 564.
giganteus (Argus) CCXXV 1964/6.
giganteus (Gallus) CCXLII 2045,6.
gigas (Dacelo) CCCCXXVII 3161/3.
gigas (Fulica) CCCIII 2454.
gigas (Rallina) CXXII 1202.
gigas (Rallus) CXXVII 434.
glacialis (Colymbus) V 53,6.
glac. (Fratercula) t. 344, 26/7. t. 265, 2228,9.
glacialis (Harelda) XLI 112,5.
glacialis (Mormon) III 28.

glacialis (Procellaria) XII 333,5.
glacialoides (Proc.) t. 13, 789. t. 328, 2608/9.
Glareola australis CLXXXIX 1632/3.
Glareola cinerea CLXXXIX 1629.
Glareola Géoffroyi CLXXXVIII 1626.
Glareola grallaria CCCX 2499/501.
Glareola lactea CLXXXIX 1630/1.
Glareola limbata CLXXXVIII 1625.
Glareola melanoptera CCCLXXVIII 2953/4.
Glareola Nordmanni CLXXXVIII 1623/4.
Glareola nuchalis CCCLXXXIX 3026.
Gl. orient. CLXXXIX 1627/8. CCCX 2504/5.
Glareola pratincola CLXXXVIII 1619/22.
glareolus (Totanus) LXXIV 587,8.
glaucion (Clangula XL 96/8.
glaucopis (Coeligena) DCLXXXV 4509/10.
glaucus (Graculus) CCCXVII 2553.
glaucus (Larus) XXVII 316,8.
Globicera Aurorae VI 75,6. Nov. C.
Globicera (Crax) CLXXIV 1517.
Globicera microcera VI 74. Nov. C.
Globicera myristicivora VII 77. Nov. C.
Globicera oceanica CXXXVIII 1283/4.
Globicera pacifica CXXXVIII 1285.
globulosa (Crax) CLXXIV 1519/20.
glocitans (Querq.) t.51, 412. t. 284, 2338/40.
glottis (Totanus) LXXV 574/5.
glottoides (Totanus) LXXVII 1001/3.
Glyciphila albifrons CCCCLXXXVII 3442/3.
Glyciphila fasciata CCCCLXXXVII 3437/8.
Glyciphila fulvifrons CCCCLXXXVII 3439,41.
Glyphorhynchus cuneatus 528, 3640 (3644/5).
goalpariensis (Aithopyga) DLXXXIV 3968/70.
goënsis (Chrysocolaptes) DCLV 4359.
goënsis (Hoplopterus) CI 681. CII 1050.
Goertan (Scolecotheres) DCLXXVI 4475/6.
Goisagi (Botaurus) CCCXX 2566/7.
Goisagi (Tigrisoma) LXXXVI 509.
Goliath (Ardea) XCI 457/8.
Goudotii (Agyrtria) DCCLXIII 4765/6.
Gouldia Conversi DCCCXVII 4911/4.
Gouldia Langsdorfii DCCCXVI 4908/10.
Gouldiae (Aithopyga) DLXXXIII 3965,6.
Gouldiae (Caloenas) (2490).
Gouldiae (Chloëbia) X 84/6. En.
Gouldii (Bellatrix) DCCCXIII 4901.
Gouldii (Lesbia) DCCXII 4615/7.
Gouldii (Neomorpha) DCXIV 4100,1.
Gouldii (Sterna) XXII 829. CCLXXII 2267/8.
Gouldii (Zosterops) CCCCLXIII 3310/1.
Goura coronata CLXVII 1473,4.
Goura Victoriae CLXVII 1475.

Gracei (Caulodromus) (3843).
gracilis (Graculus) LXV 978.
gracilis (Lesbia) DCCXIII 4618/9.
gracilis (Sterna) CCCXXXII 2633/4.
Graculus africanus XXXIV 867.
Graculus albigula CCLXXIX 2309/10.
Graculus americanus CCCL 2746/9.
Graculus bicristatus CCCXLIX 2740/1.
Graculus brasilianus XXXIII 861/2.
Graculus brevirostris CCLXXIX 2308.
Graculus capensis XXXIV 863/4.
Graculus capillatus CCCXLIX 2744/5.
Graculus Carbo XXXIII 362/5.
Graculus carboides CCCXVI 2549/50.
Graculus chalconotus CCLXXX 2316.
Graculus cristatus t. 34, 860. t. 334, 2645/6.
Gr. Desmarestii t. 334, 2644. t. 376, 2942/4.
Graculus dilophus XXXIV 861/2. CCCL 2753.
Graculus floridanus CCCL 2751.
Graculus Gaimardi XXXIII 370.
Graculus glaucus CCCXVII 2553.
Graculus gracilis LXV 978.
Graculus hypoleucus XXXV 874.
Gr. javanicus t. 34, 869/70. t. 279, 2307.
Graculus leucogaster XXXV 875/6.
Gr. Linnaei XXXIII 366/8. CCCXXXIV 2647.
Graculus longicaudus XXXIV 868.
Graculus lucidus XXXIV 865/6.
Graculus lugubris CCLXXX 2313/5.
Graculus magellanicus CCCXLIX 2742/3.
Graculus melanoleucus XXXV 872/3.
Graculus naevius XXXIII 369.
Graculus punctatus XXXV 871.
Graculus pygmaeus XXXII 856/9.
Gr. pygmaeus algeriensis CCLXXIX 2305/6.
Gr. pygmaeus indicus CCLXXVIII 2304.
Graculus sinensis LXV 977.
Graculus sulcirostris CCCXVI 2547/8.
Graculus tenuirostris CVI 1078.
Graculus Townsendii CCCL 2752.
Graculus Urile CCLXXX 2311/2.
Graculus varius XXXV 874.
Graculus violaceus CCCL 2750.
gradatus (Centurus) DCLXV 4417/8.
graeca (Caccabis) CXCVII 1719/24.
grallaria (Glareola) CCCX 2499/501.
grallarius (Oedicnemus) CCCI 2442/3.
granatina (Mariposa) I 4/5. En.
grandis (Jacamerops) CCCCLIX 3282/3.
grandis (Ploceus) XLI 307. En.
Grayi (Ardea) CCXCIV 2397.
Grayi (Hylocharis) DCCLXXII 4789/91.

Grayi (Hyphantornis) XLIII 320. En.
gregaria (Chettusia) CCXCIX 2430/1.
gregarius (Vanellus) CI 672. CII 1048/9.
Greyi (Herodias) CCCXXXIX 2672.
grisea (Telmatias) LXIX 563.
griseifrons (Eulabeornis) CCCVI 2475.
griseipectus (Ptilocalpa) III 30/1. Nov. C.
griseola (Pyrgitoenas) CLX 1422/3.
griseus (Macrorhamphus) CCCLVI 2793/5.
Grivelin Vieillot XIII 110. En.
groenlandica (Grylle) IV 43/6.
Grus americana t. 127, 429. t. 367, 2861/2.
Grus Antigone CXXVII 428. CXXIX 1240.
Grus australasiana CCCXLII 2691.
Grus canadensis CXXVII 429.
Grus capensis CXXIX 1238.
Grus carunculata CXXVII 431.
Grus cinerea CXXVII 427. CXXVIII 1230/3.
Grus leucauchen CXXVII 433.
Gr. leucogeraros t. 127, 430. t. 367, 2859/60.
Grus longirostris CCCLXVI 2858.
Grus mexicana CXXVII 429.
Grus monacha CXXVII 432. CCCLXVI 2857.
Grus numidica CXXIX 1237.
Grus orientalis CXXIX 1240.
Grus struthio CXXVII 429.
Grus torquata CXXVII 428. CXXIX 1239.
Grylle (Cepphus) CCLXVI 2234.
Grylle groenlandica IV 43/6.
Grylle Mandtii IV 47.
Grylle var. variegata (Cepphus) CCLXVI 2235.
Guan (Penelope) spl. 271 b. 5053.
Guarauna (Aramus) CXXVII 434.
Guarauna (Falcinellus) LXXXIII 1012.
Guarauna (Notherodius) CXXVII 434.
Guerini (Gecinus) DCXXII 4144/5.
Guerini (Oxypogon) DCCCXXIV 4932/5.
guianensis (Anabates) DXXVI 3634.
guianensis (Certhiola) DLXI 3825.
g. (Odontoph.) 194, 1688/9. 385, 2992/3000.
guinea (Stictoenas) II 22. Nov. C.
gularis (Celeus) DCLVIII 4375/6
gularis (Cinnyris) DLXXVII 3931.
gularis (Colaris) CCCCXXXVIII 3203.
gularis (Cyrtostomus) DLXXXIX 3997.
gularis (Entomothera) CCCCI 3082.
gularis (Francolinus) CCCXIV 2532.
g. (Laryngogramma) CXLI 1297. IV 44. N. C.
gularis (Melithreptus) D 3498/9.
gularis (Merops) CCCCLII 3258/9.
gularis (Picus) DCLVIII 4375/6.
gularis (Podilymbus) VIII 758/9.

gularis (Rallina) CXXIV 1215.
gularis (Venilia) DCXXVIII 4180/1.
Gumri (Streptopelia) CLII 1364. 1367.
gurial (Ramphalcyon) 399, 3075. 426, 3158.
guttata (Ceryle) CCCCX 3104.
guttata (Ortalida) CLXX 1494.
guttata (Spermospiza) XXI 181. En.
guttata (Stagonopleura) V 44/6. En.
guttatus (Odontophorus) 386, 3009/10.
guttatus (Picumnus) DCXVII 4114/5.
guttatus (Premnocopus) DXXXVII 3683.
gutturalis (Ardeola) XC 1024.
gutturalis (Francolinus) CCI 1752.
gutturalis (Pseudoseisura) DXXV 3630.
gutturalis (Pterocles) CCX 1829/30.
Gygis alba XXI 818/9.
Gygis candida CCCXXX 2618 9.
gymnophthalmus(Crossophthalm.) II 23. N.C.
Gyrinno (Coeligena) DCLXXXII 4500/1.

Habessynica (Cinnyris) DLXXIV 3910/2.
Habropyga coerulescens II 14/5. En.
Habropyga fimbriata XVIII 165/6. En.
Habropyga natalensis XVIII 163/4.
Haeberlinii (Chlorestes) LCCIII 4578/80.
haematina (Spermospiza) XXI 182/3. En.
haematogaster (Campephilus) DCLI 4343.
Haematopus Bachmanni CCCLIV 2779.
Haematopus fuliginosus CCXCVII 2415/7.
Haematopus longirostris CCXCVII 2412/4.
Haematopus niger CCXCVII 2418.
Haematopus palliatus CCXCVII 2410/11.
Haematopus Townsendii CCCLIV 2777/8.
Haemaetopus niger XCVI 1642.
Haemaetopus ostralegus XCVI 653/5.
Haemaetopus palliatus XCVI 656.
Haemaetopus unicolor XCVI 1043.
haematorhynchus (Larus) XXV 847.
haematribon (Chrysocolaptes) LCLV 4357/8.
Hagedasch (Phimosus) LXXX 530.
Halcyon cancrophaga CCCCII 3086.
Halcyon cinereifrons CCCC 3076.
Halcyon irrorata CCCC 3078. CCCCI 3079.
Halcyon rufiventris CCCCII 3083/4.
Halcyon semicoerulea CCCCII 3085.
Halcyon senegalensis CCCC 3077.
Halodroma Berardi IX 764.
Halodroma Garnotii IX 761.
Halodroma urinatrix IX 762/3.
Haplopeleia bronzina CLXII 1440.
Haplopeleia erythrogastra III 28. Nov. C.
Haplopeleia larvata CLXII 1434.

Haplopeleia simplex CCCLXIX 2872/3.
Hardwickii (Phyllornis) CCCCLXIV 3314/5.
Hardwickii (Picus) DCXXXVII 4242.
Hardwickii (Polyplectron) (2540).
Harelda glacialis XLI 112/5.
Harpiprion alba LXXXI 536.
Harpiprion cajennensis LXXIX 522.
Harpiprion chalcoptera LXXIX 523.
Harpiprion dentirostris LXXIX 522.
Harpiprion fusca LXXIX 527.
Harpiprion leucopygos LXXIX 527.
Harpiprion Nippon LXXXI 538.
Harpiprion plumbea LXXIX 524.
Harpiprion rubra LXXIX 525/6.
Harrisii (Picus) DCXXXII 4208,9.
basitata (Procellaria) 12, 336. 327, 2604.
Hasseltii (Nectarophila) DLXVIII 3868/70.
Hastingii (Satyra) CCXXXII 1997/8.
Havellii (Sterna) CCCXLVII 2728.
Hedydipna metallica DLXXXIII 3959/62.
Hedydipna platura DLXXXIII 3963/4.
Helenae (Calypte) DCCCXXXVII 4973/5.
Helenae (Lophornis) DCCCXI 4892.
Heliactinia chrysolopha DCCCXIV 4902/4.
Helianthea Bonaparti DCCXXXIV 4683/4.
Helianthea Castelnaudi DCCXXXIX 4693/4.
H. cupripennis DCCXXXVII 4689/90.
Helianthea Eos DCCXXXIII 4680,2.
Helianthea Johannae DCCXXXI 4675/6.
H. Iris DCXC 4526. DCCXXXV 4685/6.
Helianthea Ludoviciae DCCXXXI 4673/4.
Helianthea Lutetiae DCCXXXVI 4687/8.
Helianthea Pamela DCCXXXVIII 4691/2.
Helianthea typica DCCXXXII 4677/9.
Helias (Eurypygia) CXXIV 1219/20.
Heliodori (Lucifer) DCCCXLVII 5002,3.
Heliodoxa Henrica DCCXLII 4701,3.
Heliodoxa Rhami DCCXLVI 4712,3.
Heliodoxa rubinea DCCXLIV 4706/9.
Heliodoxa rubinoides DCCXLIII 4704/5.
Heliodoxa Schreibersii DCCXLV 4710/1.
Heliornis fulicarius CXIV 1139/40.
heliosyla (Botaurus) LXXXVII 508.
Heloisa (Trochilus) DCCCXXXV 4966/8.
helvetica (Squatarola) XI 673/5.
helv. australis (Squatar.) CCCXL 2683/4.
Hembrichii (Campethera) DCLXXIV 4461/2.
Hemicercus canens DCLVI 4366 7.
Hemicercus coccometopus DCLVI 4364/5.
Hemicercus concretus DCLVI 4361/3.
Hemicercus cordatus DCLVI 4368/9.
Hemignathus lucidus DXCI 4012,3.

16

indica (Junx) DCXIX 4127 8.
indica (Upupa) DXCVI 4037.
iudicus (Rallus) CCCXXII 2575,6.
ineptus (Didus) VII 82;5. Nov. C.
inornata (Arachnothera) DXCIII 4021/2.
inornata (Bernicla) LVII 946/7.
iuornata (Chloroenas) (2582).
inornata (Pterocyanea) CCCXVII 2556.
inornatus (Aegialitis) CCXCVIII 2426/7.
inornatus (Lobivanellus) CCCXXI 2572.
inornatus (Philedon) DV 3518.
intermedia (Columba) CXXXI 1249.
intermedius (Anser) LX 958.
interpres (Strepsilas) CIV 659/60. CIV 1072.
iodura (Chlorestes) DCXCVIII 4560/1.
Johannae (Helianthea) DCCXXXI 4675,6.
iolaimus (Chlorestes) DCCV 4588,9.
ionogastra (Jonotreron) CXLVII 1332/3.
Jonotreron ionogastra CXLVII 1332/3.
Jonotreron melanocephala CXLV 1318/9.
Jonotreron nana CXLVII 1330.
Jonotreron occipitalis CXLVII 1331.
Jonotreron Rivolii CXLIII 1306. (3364).
Jonotreron viridis CXLV 1320/1.
joudera (Turnix) CCV 1791.
Ipecuturi (Querquedula) LI 179.
Iris (Helianthea) 690, 4526. 735, 4685/6.
Irrisor caudacutus DXCVIII 4043/4.
Irrisor coeruleus DXCIX 4047.
Irrisor erythrorhynchos DXCVII 4041.
Irrisor lamprolophus DXCIX 4045/6.
Irrisor melanorhynchos DXCVII 4042.
Irrisor sibilator DXCVI 4040.
irrorata (Halcyon) CCCC 3078. CCCCI 3079.
Isaacsoni (Eriocnemis) DCCXLI 4700.
islandica (Clangula) XL 99/102.
islandicus (Cygnus) LXII 963/4.
islandicus (Larus) CCCXXXIII 2640.
islandorum (Lagopus) CCXII 1850/7.
ispida (Alcedo) 392, 3038/42. 480, 3401/3.
Ispidina leucogastra CCCXCV 3056.
Ispidina picta CCCXCVII 3061/2.
Itaginis cruentus CCIII 1771/2. DVIII 3539/40.
It. lunulatus 203, 1770. 314, 2538. 371, 2904.
It. madagascariensis 227, 1974. 314, 2536/7.
italica (Corrira) XCV 440/2.
jubata (Bernicla) 57, 944/5. 286, 2352/3.
jubatus (Chenalopex) LIX 234/5.
jugularis (Ardea) CCCII 2451/2.
jugularis (Cyrtostomus) DLXX 3889.
jugularis (Eulampis) DCCXCVI 4851/2.
jugularis (Herodias) CCCXXXIX 2673/4.

Juliae (Coeligena) 681, 4494/5. 763, 4767.
jumana (Celeus) DCLX 4389,90.
Junx aequatorialis DCXVIII 4124.
Junx indica DCXIX 4127,8.
Junx pectoralis DCXIX 4129/30.
Junx Torquilla DCXIX 4125/6.

Kallipareus (Proctopus) VI 69/70. CVI 1074/5.
Kirkii (Chloronerpes) DCXXV 4163.
Kittlitzii (Janthoenas) CXXXIII 1261.
Kizuki (Picus) DCXXXVI 4236 8.
Kleei (Tinamus) CLXXXIII 1563.
Kori (Eupodotis) CCLIX 2186/7.
Korthalsii (Sphenocercus) V 58. Nov. C.
Kurutreron chrysogastra (3525,6).
Kurutreron coralensis III 33. Nov. C.
Kurutreron oopa (3527/8).

Labrador (Lucifer) DCCCXLIV 4992/5.
labradorus (Camptolaimus) XLIII 895/6.
Lacedo pulchella CCCCXXIX 3168/9.
lacernulata (Ducula) CXXXVI 1273.
lacrymiger (Picolaptes) DXXXI 3656.
lactea (Glareola) CLXXXIX 1630/1.
lactea (Hylocharis) DCCLXXIII 4792/3.
lacteus (Tantalus) LXXXV 517.
Lafayetti (Gallus) CCXL 2037.
Lafresnaya flavicaudata DCCLXXXV 4824/5.
Lafresnaya Gayi DCCLXXXVI 4826/7.
Lafresnaya Saulae DCCLXXXVI 4828/9.
Lafresnayanus (Xiphorh.) DXXXII 3659.
Lafresnayi (Diglossa) DLIII 3757.
Lafresnayi (Merops) CCCCXLVII 3239.
Lagonosticta ignita IV 36. En.
Lagonosticta minima IV 34/5. En.
Lagonosticta rubricata XVII 151. En.
Lagonosticta rufopicta IV 38. Eu.
Lagonosticta senegala IV 37. En.
lagopodio ⋈ tetrixhybri. (Lagop.) 214, 1881/2.
Lagopus albus CCXIII 1858,62. (2915/21).
Lagopus americanus (2928).
Lagopus brachydactylus (2929).
Lagopus islandorum CCXII 1850/7.
L. lagopodio ⋈ tetrixhybr. CCXIV 1881/2.
Lagopus leucurus CCXIV 1879. (2914.)
Lagopus mutus CCXII 1841/9.
Lagopus persicus CCXIV 1880.
Lagopus Reinhardtii (2922 3).
Lagopus rupestris CCXIV 1876/8. (2924/7).
Lagopus scoticus CCXIII 1863/75.
Lambruschini (Larus) XXIV 834.
lamelliger (Anastomus) XCV 438.

maluroides (Leptasthenura) (3614).
Malvina (Chlorestes) DCXCVI 4550,1.
manadensis (Turacoena) CLVII 1403/4.
Mandtii (Cepphus) CCLXVI 2233.
Mandtii (Grylle) IV 47.
Mangle (Rallina) CXXII 1200.
Mango (Anthracothorax) DCCXCI 4839/41.
manillensis (Nycticorax) CCXCIII 2391.
Manorrhina melanophrys 483, 3414/5.
Mantellii (Notornis) CCCLXXVII 2951/2.
Marail (Penelope) CLXXI 1503.
Mareca americana LII 159/61.
Mareca castanea CCLXXXIII 2330/1.
Mareca chiloënsis LII 162/3.
Mareca penelope LII 168/70.
margaritacea (Agyrtria) DCCLVIII 4747/8.
Margarochrysis aurulenta 784, 4822/3.
Margarornis perlatus (3647).
Margarornis squamiger (3646).
marginella (Zenaidura) III 27. Nov. C.
Mariae (Chlorestes) DCXCV 4549.
M.(Ptilonop.)(2586).IV38,40.N.C.V49/50.N.C.
marila (Fuligula) XLII 131/3.
mariloides (Fulig.)XLIII 889. CCCLI 2756/7.
marina (Thalassidroma) 11, 784. 269, 2247/9.
marinus (Larus) XXVII 831/3.
Mariposa granatina I 4/5. En.
Mariposa phoenicotis I 1/3. En.
Mariposa tricolor I 6. En.
maritia (Gmeositta) DXLIX 3738/9.
maritima (Tringa) LXXIII 621/3.
marmoratus (Brachyramph.) 345, 2715/20.
marmoratus (Charadrius) C 691/2.
Marquetia elegans XVIII 159/60. En.
Martinae (Picus) DCXXXII 4206/7.
martinica (Oreopeleia) CLXI 1432.
martinicana (Certhiola) DLXI 3824.
martinicana (Zenaida) CLIX 1413/4.
martinicus(Porphyrio)CVIII1096/7. CIX1101.
Martius (Dryocopus) DCXLV 4309/11.
maruetta (Porzana) CXVII 1159/60.
Massena (Cyrtonyx)194,1685,6. 381,2969/70.
Matthewsii (Boissonneaua) 788, 4832,3.
Maugei (Geopeleia) (3380).
Mavors (Trochilus) DCCCXXVII 4945/7.
maxima (Anas) CCCXVII 2555.
maxima (Megaceryle) CCCCIX 3101/2.
maxima (Rallina) CXXII 1206/7.
Maximiliani (Melanopareia) DXXIII 3619.
Mc. Calli (Ortalida) Taf. 271 b. 5051.
medius (Anser) LX 958.
medius (Picus) DCXXXIV 4221.

Megacephalon Maleo CLXXVIII 1541/4.
Megaceryle (Alcyon) CCCCXII 3108/9.
Megaceryle caesia CCCCXI 3107.
M. gigantea 409, 3103, 418, 3486.
Megaceryle maxima CCCIX 3101/2.
M. stellata CCCCX 3105. CCCCXVIII 3487.
Megaceryle torquata CCCCXI 3106.
Megaloprepia assimilis IV 42,3. Nov. C.
Megaloprepia magnifica CXLI 1299/300.
Megaloprepria puella IV 41. Nov. C.
Megapodius Cummingii VII 80. Nov. C.
Megapodius Duperreyi CLXXVI 1530.
Megapodius Forsteri CCCIX 2496.
Megapodius Freycinctii CLXXVII 1534/5.
Megapodius La Peyrousii CLXXVII 1532.
Megapodius rubripes CLXXVII 1533.
Megapodius tumulus CLXXVI 1531.
Megapodius Wallacei VII 81. Nov. C.
Meiffrenii (Oxyteles) CCVI 1801/3.
Meiglyptes badius DCLVIII 4374.
Meiglyptes castaneus DCLIX4383.(4372err.)
Meiglyptes loricatus DCLXXXI 4495,6.
Meiglyptes pectoralis DCLVII 4372.
M. phaioceps DCLVII 4373. DCLVIII 4377.
Meiglyptes pyrrhotisDCLIX4378,9.(4367err.)
M. rufus659,4381/2. (4370/1 err.) 681,4497/8.
Meiglyptes tristis DCLVII 4370/1.
Meiglyptes undatus DCLIX 4380. (4369 err.)
melananthera (Steganura) DCCX 4608/9.
melanauchen(Sterna)XX282.CCLXX2255/6.
Melanerpes erythrocephalus DCXLII 4284/6.
Melanerpes flavigula DCXLIII 4297/9.
Melanerpes formicivorus DCXLIII 4295,6.
Melanerpes Herminierii DCXLII 4280/1.
Melanerpes ruber DCXLII 4287/8.
Melanerpes rubidicollis DCXLIII 4289/90.
Melanerpes torquatus DCXLII 4282,3.
Melanerpes xantholarynx DCXLIII 4293/4.
melanocephala (Anthornis) (3409).
melanocephala (Caccabis) CXCVIII 1731.
melanocephala (Cygnus) LXII 967.
melanocephala (Jonotreron) CXLV 1318/9.
melanocephala(Satyra)CCXXXIII1999/2002.
melanocephala(Threskiornis) LXXXII 635/6.
melanocephalus (Larus) XXV 840,2.
melanocephalus(Lobivanellus)CCXCIX2433.
melanocephalus (Melithreptus) DI 3506/7.
melanocephalus (Pardalotus) DLX 3817/8.
melanochloros(Chrysoptilus)DCLXXI4444/5.
melanocorypha (Cygnus) LXII 967.
melanogaster (Lissotis) CCLIII 2160/3.
melanogaster (Turnix) CCVI 1798. (2523/4).

melanogaster (Vanellus) CI 673/5.
melanogastra (Sterna) XX 281.
melan. (Thalassidroma) CCLXVII 2239/40.
melanogenys (Anous) CCCXXXI 2624.
melanoleuca (Anseranus) 58, 950. 335, 2654.
melanoleucus (Graculus) XXXV 872/3.
melanoleucus (Mergulus) IV 48/50.
melanoleucus (Totanus) LXXV 583.
melanonotus (Alectroph.) CCCLXXIV2932/3.
Melanoparcia Maximiliani DXXIII 3619.
Melanoparcia torquata DXXIII 3620.
melanophrys (Diomedea) XV 346. XVI 797/8.
melan. (Manorrhina) CCCCLXXXIII 3414/5.
melanopis (Theristicus) LXXX 531/2.
melanops (Anous) CCLXXIII 2274/5.
melanoptera (Bernicla) LVIII 953.
melanoptera (Entomothera) CCCCIV 3087.
melanoptera (Glareola) CCCLXXVIII 2953/4.
melanoptera (Metriopeleia) (3375,6).
melanopterus (Aegialitis) XCIX 705.
melanopus (Aegialitis) XCVIII 707/8.
melanopygia (Trichogrammopt.) 17,153/4. En.
melanorhyncha (Hylaeon) CCCXCIX 3074.
melanorhyncha (Sterna) CCCXXXII 2631/2.
melanorhynchos (Irrisor) DXCVII 4042.
melan. (Platalea) LXXXIV 424. 1018/9.
melanorhynchus (Larus) XXIII 292.
melanorhynchus (Thripophaga) DXL 3696.
melanotis (Anaplectes) XLIV 323. En.
melanotis n. sp.? (Anas) CCLXXXVII 2360.
melanotis (Larus) LXIV 973/4.
melanotis (Ploceolus) XXXVII 286. En.
melanotos (Sarkidiornis) LVI 227.
melanotus (Climacteris) DLXVI 3857/8.
m. (Porphyrio) CIX 1100. CCCXLI 2687/8.
melanotus (Tringa) LXXIII 624/6.
melanura (Anthornis) (3410/1).
melanura (Climacteris) DLXV 3853/4.
melanura (Henicornis) (3719).
melanura (Limosa) LXXVI 569/71.
melanura (Rhynchops) CCCXXXI 2623.
melanuroides (Limosa) CCLXXXVIII 2366/7.
melanurus (Larus) 27, 830. 348, 2738/9.
melasomus (Hoplopterus) XCIX 697/8.
melasomus cristatus (Hoplopterus) XCIX 699.
Melba (Pytelia) VII 60/1. En.
Meleagris Gallopavo CLXXXVII 1601/8.
M. Gallopavo domestica CLXXXVII 1609/17.
Meleagris (Numida) CLXXXVI 1586,95.
Meleagris ocellata CLXXXVII 1618.
Melichaera lunulata CCCCXCVI 3484/5.
Melichaera mellivora CCCCXCVI 3482/3.

Melicophila picata CCCCLXXIX 3397/8.
Melidora macrorhina CCCCXXVIII 3166/7.
Meliornis australasiana CCCCXC 3453/5.
Meliornis longirostris CCCCXCI 3460/1.
Meliornis mystacalis CCCCXC 3456/7.
Meliornis NovaeHollandiae CCCCXCI 3462/3.
Meliornis sericea CCCCXC 3458/9.
Meliphaga phrygia CCCCXCII 3467/9.
melitensis (Thalassidroma) XI 778.
Melithreptus albigularis DI 3503/5.
Melithreptus chloropsis DI 3501/2.
Melithreptus gularis D 3498 9.
Melithreptus lunulatus D 3495/7.
Melithreptus melanocephalus DI 3506/7.
Melithreptus validirostris D 3492/4.
Melithreptus virescens D 3500.
mellisuga (Chlorestes) DCCLIV 4731.
Mellisuga minima DCLXXX 4490/3.
mellivora (Melichaera) CCCCXCVI 3482/3.
meloda (Melopeleia) CLIX 1418.
melodus (Aegialitis) CCCLXIV 2842/3.
Melopeleia leucoptera 159, 1417. 376, 2869.
Melopeleia meloda CLIX 1418.
Melozone biarcuata XIII 109. En.
Melpoda lippa VII 62/4. En.
membranacea (Malacorhynchus) L 924/5.
membranaceus (Malacorhynch.) 283, 2332/3.
Menintiug (Alcedo) CCCXCIV 3050/1.
menstruus (Chrysocolaptes) DCLIV 4356.
mentalis (Venilia) DCXXVIII 4178/9.
Merganetta armata 46, 897. 282, 2323/4.
Merganetta colombiana CVI 1079.
Merganetta leucogenys CCLXXXII 2325.
Merganser (Mergus) XXXIX 94/5.
Mergellus albellus XXXIX 85/7.
Mergulus melanoleucus IV 48,50.
Mergus australis CCCXVII 2554.
Mergus cucullatus XXXIX 88/9.
Mergus merganser XXXIX 94 5.
Mergus serrator XXXIX 90/3.
Merops Adansonii CCCCXLVIII 3243.
Merops aegyptius DC 3545 6.
Merops albicollis CCCCXLIX 3246/7.
Merops Apiaster CCCCXLIII 3220/2.
Merops badius CCCCXLIX 3244.
Merops bicolor CCCCLII 3256/7.
Merops Bullockii CCCCL 3250/1.
Merops Bullockioides CCCCL 3248/9.
Merops cyanipectus (3392 3).
Merops erythropterus CCCCXLVII 3240,1.
Merops gularis CCCCLII 3258,9.
Merops hirundinaceus CCCCXLVI 3235/6.

Merops hypoglaucus CCCCXLIX 3245.
Merops javanicus CCCCXLIV 3227 8.
Merops Lafresnayi CCCCXLVII 3239.
Merops luteus CCCCXLVIII 3403.
Merops natalensis CCCCLI 3252 3.
Merops nubicus CCCCLI 3254 5.
Merops ornatus CCCCXLVI 3233/4.
Merops philippinus (3391).
Merops quinticolor DC 3544.
Merops Savignyi CCCCXLIV 3225 6.
Merops Sonninii CCCCXLVII 3237.
Merops superciliosus CCCCXLVIII 3242.
Merops Urica CCCCXLIII 3223 4.
Merops variegatus CCCCXLVII 3238.
Merops viridis CCCCXLV 3231/2.
Merops viridissimus CCCCXLV 3229/30.
Mesoenas unicolor CLXXVII 1538 b.
Mesoenas variegata CLXXVII 1538.
mesoleucus (Campephilus) DCXLIX 4329/30.
metallica (Hedydipna) DLXXXIII 3959 62.
metallica (Janthoenas) CXXXIX 1290.
Metallura aeneicauda DCCXX 4634/5.
Metallura cupreicauda DCCXXI 4638 9.
Metallura Sabinae DCCXX 4636 7.
M. smaragdinicollis 719, 4632. 720, 4633.
Metallura tyrianthina DCCXIX 4630/1.
Metallura Williami DCCCIV 4870.
Metopidius aeneus CXI 1124 5.
Metopidius superciliosa CXI 1124/5.
Metriopeleia Aymara I 3. Nov. C.
Metriopeleia melanoptera (3375 6).
Metriopeleia plumbea CCCXXV 2590.
mexicana (Certhia) DLXIII 3841/2.
mexicana (Grus) CXXVII 429.
mexicana (Querquedula) LXV 981 2.
Meyeni (Zosterops) CCCCLXI 3294.
Meyeri (Limosa) LXXVI 567/8.
Meyeri (Trocaza) II 19. Nov. C.
microcera (Globicera) VI 74. Nov. C.
Microchelidon aenea DLVIII 3797.
Microchelidon hirundinacea DLVIII 3792/5.
Microchelidon ignipectus DLVIII 3796.
Microdactylus cristatus CLXXV 1526 7.
Micropterus cinerea XLIII 894.
microrhynchum (Rhamphom.) 818, 4915/8.
microscelis (Ciconia) CCXCII 2388.
micrurus (Calothorax) DCCCXLIX 5011/3.
migratorius (Ectopistes) CLIV 1377 9.
Milleri (Agyrtria) DCCLIX 4752/3.
miniata (Venilia) DCXXIX 4184 5.
minima (Lagonosticta) IV 34/5. En.
minima (Mellisuga) DCLXXX 4490/3.

minima (Nectarophila) DLXVIII 3873 4.
minor (Aegialitis) XCVIII 714 9.
minor (Botaurus) LXXXVII 501/2.
minor (Chionis) CLXXIX 1547.
minor (Cygnus) LXII 963/4.
minor (Nothura) CLXXXIV 1577.
minor (Numenius) CCCXIX 2565.
minor (Oryx) XXIV 210/1. En.
minor (Pelecanus) CCLXXXI 2321 2.
minor (Philohela) LXVIII 554.
minor (Phoenicopterus) LXIII 420.
minor (Picus) DCXXXVI 4234/5.
minor (Platalea) CCCLXI 2829.
minor (Podilymbus) VI 79 85.
minor (Rhinopomastes) DC 4050.
minor (Spheniscus) I 1 2. II 732/5.
minuta (Ardea) LXXXVII 496/7.
minuta (Campethera) DCLXXIV 4463.
minuta (Crex) CXVI 1158. CCCXXII 2574.
minuta (Sterna) XX 283 6.
minuta (Tringa) LXXIII 615/7.
minutus (Anser) LX 398/9. 961.
minutus (Larus) XXIII 289 91.
minutus (Numenius) CCCLX 2820/1.
mirabilis (Chloëbia) X 87/88. En.
mirabilis (Orthorhynchus) DCCCX 4888.
Mitchelli (Lucifer) DCCCXLVIII 5006/8.
Mitchelli (Phegornis) CCC 2437 8.
Mitchelli (Pytelia) XVIII 161 2. En.
mitrata (Numida) CLXXXVI 1596. (2543).
mitratus (Pelecanus) XXXVIII 879 80.
Mitu brasiliensis CLXXIII 1512/3.
Mitu tomentosa CLXXIII 1514.
Mocoa (Lesbia) DCCXVII 4626/7.
modesta (Aidemosyne) III 23/4. En.
modesta (Herodias) CCXCVI 2408.
modesta (Turacoena) CLVII 1401.
modestus (Larus) CCLXXV 2284.
Mohoa fasciculata DCXIV 4098 9.
Mokoho (Botaurus) LXXXVII 501/2.
mollis (Procellaria) CCCXXVIII 2606/7.
mollissima (Somateria) XLVII 152/8.
molucca (Munia) XIV 118/20. En.
moluccensis (Picus) DCXXXVII 4239/40.
monacha (Cyanotreron) CXLIV 1314/5.
monacha (Grus) CXXVII 432. CCCLXVI 2857.
Monachalcyon Gaudichaudii CCCCXXV 3156.
Monachalcyon princeps CCCCXXV 3157.
monachus (Aegialitis) 98, 720. 340, 2677/8.
monachus (Tropidorhynchus) DVI 3521.
monilis (Chloroenas) (2481).
monocerata (Chimerina) CCCXLV 2706/7.

Nettapus pulchellus LV 938/9.
nicobarica (Caloenas) CLXVI 1467/8.
Nigellii (Tetraogallus) (2542).
niger (Haematopus) XCVI 1642.
niger (Haematopus) CCXCVII 2418.
niger (Rollulus) CCXIX 1923/4.
niger (Totanus) CCCXVIII 2562.
nigerrima (Ardea) LXXXIX 472.
nigra (Ciconia) XCIII 453/4.
nigra (Gallinula) CX 1113.
nigra (Hydrochelidon) XX 807/10.
nigra (Myzomela) CCCCLXXXVI 3433/4.
nigra (Oidemia) XLV 140/4.
nigra (Penelopina) Taf. 273 b. 5043/7.
nigra (Rhynchops) XVIII 400/1.
nigricauda (Astrilda) VI 55/6. En.
nigriceps (Colaptes) DCLXIX 4436.
nigriceps (Eupodotis) CCLVII 2178/9.
nigricollis (Cygnus) LXII 967.
nigricollis (Himantopus) XCVII 641.
nigricollis (Hyphantornis) XLIV 325. En.
n. (Turnix) CCVI 1797. CCCLXXXVIII 2895.
nigrifrons (Aegialitis) 98, 707/8. 298, 2419/20.
nigrifrons (Ploceolus) XXXVII 287. En.
nigrifrons (Turnix) CCVI 1801/3. (2521).
nigrirostris (Herodias) CCXCVI 2409.
nigrirostris (Leucippus) DCCLXXIX 4812.
Nigrita canicapilla VI 50/1. En.
Nigrita fusconota VI 52. En.
nigrofasciata (Coeligena) DCLXXXIV 4506.
nigrofumosus (Cinclodes) DXLVIII 3731/2.
nigrogularis (Ortyx) 193, 1681. 379, 2961/3.
nigrotis (Larus) LXIV 973/4.
nigrum (Dicaeum) DLVII 3786/7.
Niobe ardens XXVI 219/20. En.
Nippon (Harpiprion) LXXXI 538.
Nippon (Ibis) CCCXX 2569.
nisoria (Uroloncha) XVI 143/5. En.
nitens (Hypochera) XXII 184,9. En.
nitens (Sycobius) (335). En.
nitida (Arbelorhina) DCVI 4069,70. (3772).
nitidissima (Alectroenas) CXLII 1302.
nitidissima (Chlorestes) DCXCIII 4538/9.
nitidus (Zonaeginthus) III 19/20. En.
nivea (Herodias) XCII 1031/5.
nivea (Procellaria) XIV 791/2.
nivea (Rissa) CCLXIX 2254.
niveiventris (Chlorestes) DCC 4566/7.
nivicola(Lerwa)CXCIV1683/4. CCCXIII2527.
noctivagus (Tinamus) CLXXXII 1561/2.
nodirostra (Phaler.) 265, 2224/5. 345, 2704/5.
Nordmanni (Glareola) CLXXXVIII 1623/4.

norfolciensis(Leucomelaina)CXXXVII1280/2.
norfolciensis(Myristicivora)CXXXVII1280/2·
notata (Campethera) DCLXXIII 4453/4.
notata (Porzana) CXVII 1163.
Notherodius Guarauna CXXVII 434.
Nothura Boraquira CLXXXIV 1574.
Nothura maculosa CLXXXIV 1576.
Nothura maior CLXXXIV 1575.
Nothura minor CLXXXIV 1577.
Nothura nana CLXXXIV 1578.
Notornis Mantellii CCCLXXVII 2951/2.
Novae Guineae (Arachnoraphis) DXCIV4030.
Novae Guineae (Ardea) LXXXIX 472.
Novae Guineae (Synoicus) CXCII 1658.
Novae Hispaniae (Querquedula) LXV 981/2.
Novae Hollandiae (Ardea) CCXCIV 2398/9.
Novae Hollandiae (Cereopsis) LV 940/1.
N. H. (Dromaius) 263, 2206/13. 343, 2694/99.
N. H. (Meliornis) CCCCXCI 3462/3.
N. H. (Plotus) 278, 2302,3. 334, 2618/9.
NovaeHollandiae(Recurvirostra)LXVI989/90.
N. Seelandiae (Hemiphaga) (2480). V 60. N. C.
Novae Zealandiae (Fuligula) XLIII 890.
Novae Zealandiae (Limosa) CCCII 2449/50.
Novae Zelandiae (Coturnix) CXC 1648,50.
Novae Zelandiae (Himantopus)XCVII1045/6.
Novae Zelandiae (Thinornis) CII 1054.
noveboracensis (Porzana) CCCLXV 2854.
Nuba (Houbara) CCLVI 2174.
nubicus (Merops) CCCCLI 3254 5.
nuchalis (Glareola) CCCLXXXIX 3026.
nuchalis (Hypogramma) DLXXXVIII 3992.
nudicollis (Francolinus) CCII 1766.
nudifrons (Platalea) XCV 435,6.
nudifrons (Phimosus) LXXX 529.
nudirostris(Phalacrotreron)(2486).V51. N. C.
Numenius arquatus LXXVIII 539.
Numenius australis CCCLX 2824.
N. borealis 78, 545. 77, 1006. 359, 2818/9.
Numenius brevirostris LXXVIII 546.
Numenius hudsonius CCCLIX 2817.
N.longirostrisLXXVIII544. CCCLIX2815/6.
Numenius major CCCXIX 2564.
Numenius minor CCCXIX 2565.
Numenius minutus CCCLX 2820/1.
Numenius phaeopus LXXVIII 540/1.
Numenius tenuirostris LXXVIII 542.
Numenius uropygialis CCCLX 2822/3.
Numenius virgatus LXXVIII 543.
Numida cristata CLXXXVI 1599/600.
Numida Meleagris CLXXXVI 1586/95.
Numida mitrata CLXXXVI 1596. (2543).

Picus Philippsii DCXXXII 4204/5.
Picus pubescens DCXXXVIII 4255,7.
Picus pygmaeus DCXXXVI 4232/3.
Picus querulus (4261/3).
Picus scalaris (4264,66).
Picus varius (4258,60).
Picus villosus DCXXXVIII 4252/4.
Picus Wagleri DCXXXIV 4223.
pileata (Entomothera) CCCCI 3080,1.
pileata (Nycticorax) LXXXVIII 486/7.
pileata (Pipile) CCCIX 2495.
pileata (Sittella) DXVI 3579,81.
pileatus (Campephilus) DCXLVII 4317/8.
pileatus (Francolinus) CCI 1755/6.
pileatus (Hoplopterus) XCIX 702.
pilosa (Coracias) CCCCXXXIII 3184.
pinon (Zonoenas) CXL 1294. V 62/3. Nov. C.
Pipile Cujubi spl. 271 c 5057.
Pipile cumanensis spl. 271 c 5058.
Pipile Jacou spl. 271 c 5056.
Pipile Jacquini spl. 271 c 5059.
Pipile leucolophos CLXXI 1498,9.
Pipile Nattereri spl. 271 c 5060.
Pipile pileata CCCIX 2495.
Piprisoma agile DLVIII 3802.
piscator (Sula) XXIX 853.
piscatrix (piscator) (Sula) CCLXXVII 2294/5.
pitius (Colaptes) DCLXVII 4425,6.
pittoides (Atelornis) CCCCXXXVI 3193.
Platalea chlororhynchos XCV 435,6.
Platalea flavipes LXXXIV 1017.
Pl. Leucerodia LXXXIV 421/3, 1020.
Platalea luzoniesis XCV 437.
Platalea maior CCCLXI 2828.
Pl. melanorhynchos LXXXIV 424, 1018/9.
Platalea minor CCCLXI 2829.
Platalea nudifrons XCV 435/6
Platalea regia LXXXIV 424.
platensis (Leptasthenura) DXIX 3597.
platura (Discura) DCCVI 4594/5.
platura (Hedydipna) DLXXXVIII 3963/4.
platycercus (Selasphorus) DCCCLIV 5027/9.
platyrhynch. (Dendrocolaptes) 536, 3676,7.
platyrhynchus (Phalaropus) LXVII 650/2.
Platystylopterus hyperythrus DCCXC 4836,8.
Platystylopterus rufus DCCLXXXIX 4834/5.
Plectorhyncha lanceolata CCCCXCIII 3470,1.
Plectropt.gambensis 59, 246.65,984.106,1080.
Pleiodus strigirostris CII 79. Nov. C.
Ploceolus capitalis XXXV 276. En.
Ploceolus hypoxanthus XXXV 277/8. En.
Ploceolus luteolus XXXV 273. En.

Ploceolus melanotis XXXVII 286. En.
Ploceolus nigrifrons XXXVII 287. En.
Ploceolus personatus XXXV 274/5. En.
Ploceolus philippinus XXXVI 283. En.
Ploceolus sublarvatus XXXVI 279/80. En.
Ploceolus taeniopterus XXXVI 281/2. En.
Ploceolus vitellinus XXXVII 284/5. En.
Ploceus aureus XXXVIII 290. En.
Ploceus badius XLI 309/10. En.
Ploceus bengalensis XIV 128/9. En.
Ploceus brachypterus XLI 308. En.
Ploceus Brandtii XL 306. En.
Ploceus chloronotus XL 304/5. En.
Ploceus cucullatus XXXVIII 291. En.
Ploceus cyclospilus XXXVIII 295,6. En.
Ploceus flavoviridis XXXIX 300,1. En.
Ploceus galbula XXXIX 297. En.
Ploceus grandis XLI 307. En.
Ploceus larvatus XXXIX 298,9. En.
Ploceus rubiginosus XLI 311. En.
Ploceus spilonotus XL 302/3. En.
Ploceus textor XXXVIII 292,4. En.
Plotus Anhinga 32, 354/5. 376, 2945/6.
Plotus Le Vaillantii XXXII 352,3.
Plotus N. Hollandiae 278,2302/3. 334,2648/9.
Plotus surin CXIV 1139/40.
plumbea (Chloroenas) CXXXIII 1262.
plumbea (Dacnis) DCV 4063.
plumbea (Harpiprion) LXXIX 524.
plumbea (Metriopeleia) CCCXXV 2590.
plumbea (Rallina) CCCVI 2477.
plumicollis (Tantalus) LXXXVI 515.
plumifera (Callipepla) CCCLXX 2886,7.
plumifera (Geophaps) CLXV 1461/2.
plumifera (Herodias) CCCXXXIX 2676.
plumula (Ptilotis) CCCCLXVIII 3337/8.
plutonia (Cygnus) LXI 251/2.
pluvialis (Charadrius) C 687,90.
pluvialis orientalis (Charadrius) 321, 2571.
Pluvianellus sociabilis CCCXXI 2570.
Pluvianus aegyptius CCXLVIII 2120,3.
Podica personata CCCLXXVII 2948/9.
Podica senegalens CXIV 1141,2.
Podiceps australis VII 937.
Podiceps cristatus VI 57/63.
Podiceps dominicus CCCLXXV 2940.
Podiceps leucopterus VII 740/1.
Podiceps rubricollis VI 64/8.
Podiceps rubricollis major CCCLXXV 2941.
Podilymbus anisodactylus VIII 760.
Podilymbus brevirostris CCLXVI 2236.
Podilymbus carolinensis VIII 756/7.

Podilymbus gularis VIII 758 9.
Podilymbus minor VI 79 85.
Podoa surin CXIV 1139/40.
Poecilonetta bahamensis L 922.
poecilorhyncha (Anas) 106, 1081. 285, 2348.
poecilorh. hybrida (Anas) CCCLII 2763.
poënsis (Spermestes) XIII 111. En.
Poëphila acuticauda IX 82/3. En.
Poëphila cincta IX 79. En.
Poëphila leucotis IX 77,8. En.
Poëphila personata IX 80/1. En.
Pogonornis cincta CCCCXCI 3464/5.
poliocephala (Ortalida) CLXIX 1490.
poliocephala (Zonoenas) CXLI 1298.
poliocephalus (Larus) XXIV 838.
poliocephalus (Philydor) (3703).
poliocephalus (Porphyrio) CVIII 1098/9.
poliocephalus (Proctopus) VIII 753.
poliocephalus Nestor (Proctopus) VIII 754/5.
pol. (Scolecotheres) DCLXXVI 4473,4.
poliocerca (Sterna) CCCXXXI 2627/8.
Polocandor (Rissa) CCLXXIV 2278.
Polyplectron bicalcaratum CCXXVI 1967.
Polyplectron chalcurum CCXXVII 1973.
Polyplectron Hardwickii (2540).
Polyplectron lineatum CCXXVI 1969/70.
Polyplectron Napoleonis CCXXVII 1972.
Polyplectron thibetanum CCXXVI 1968.
Polyplectron Vieillotii CCXXVII 1971.
Polytmus viridans DCCXCIX 4858/60.
polyzona (Ortygospiza) VII 66. En.
polyzonus (Chloronerpes) DCLXXIV 4460.
pomarina (Lestris) XXVIII 328/9.
pompadora (Osmotreron) IV 46. Nov. C.
pondicerianus (Anastomus) XCV 439.
ponticerian. (Francol.) CC1744. CCCXIV2533.
Poortmanni (Chlorestes) DCXCI 4531/3.
Popelairia tricholopha DCCCXV 4905/7.
porphyrea (Lamprotreron) CXLV 1322/3.
Porphyrio Alleni CIX 1104.
Porphyrio bellus CIX 1103.
Porphyrio chlorynotus CVIII 1094/5.
Porphyrio cyanocephalus CIX 1100.
Porphyrio madagascariensis CVIII 1094/5.
Porphyrio martinicus CVIII 1096/7. CIX1101.
P. melanotus CIX 1100. CCCXLI 2687/8.
Porphyrio parvus CX 1114/5.
Porphyrio poliocephalus CVIII 1098,9.
Porphyrio smaragdinus CIX 1102.
Porphyrio smaragnotus CVIII 1094/5.
Porphyrio veterum CVIII 1092/3.
porphyromelas (Venilia) DCXXIX 4187/8.

porphyrur. (Anthracothorax) 795, 4849/50.
Porzana carolina CXVIII 1168/70.
Porzana fluminea CXVII 1161/2.
P. jamaicensis CXVIII1166/7. CCCLXV2850/1.
Porzana leucophrys CCCV 2469/70.
Porzana maruetta CXVII 1159 60.
Porzana mustelina CXVIII 1171/2.
Porzana notata CXVII 1163.
Porzana noveboracensis CCCLXV 2854.
Porzana palustris CXVII 1164,5.
Porzana philippensis CXVIII 1173/4.
Porzana porzana CXVII 1161/2.
Porzana variegata CXVIII 1175.
Poucherani (Chlorestes) DCCLV 4736.
prasina (Chlorest.) 691, 4529/30. 755, 4737.
prasina (Erythrura) XI 99/101. En.
pratensis (Crex) CXVI 1152/7.
pratincola (Glareola) CLXXXVIII 1619/22.
Premnocopus Chunchotambo DXXXVII 3686.
Premnocopus eburneirostris DCIII 4059.
Premnocopus guttatus DXXXVII 3683.
Premnocopus pardalotus DXXXVII 3685.
Premnocopus triangularis DXXXV 3673.
Prevostii (Anthracothorax) DCCXCII 4842/4.
princeps (Monachalcyon) CCCCXXV 3157.
principalis (Campephilus) (4315/6).
Prion Banksii X 776.
Prion Forsteri X 777.
Prion turtur X 773/5.
Prion vittata X 771/2.
Prionochilus percussus DLVIII 3800/1.
Procellaria antarctica XIV 790.
Procellaria Bulweri XIII 787.
Procellaria capensis XII 337/8.
Procellaria coerulea 3, 788. 272, 2269/70.
Procellaria conspicillata CCCXXVIII 2610/1.
Procellaria Cookii XIV 793. CCLXIX 2252/3.
Proc. gigantea XII 332. CCCXXVIII 2612.
Procellaria glacialis XII 333/5.
Proc. glacialoides 13, 789. 328, 2608/9.
Procellaria hasitata XII 336. CCCXXVII2604.
Procellaria Lessonii CCCXXVII 2605.
Procellaria macroptera XIII 786.
Procellaria mollis CCCXXVIII 2606/7.
Procellaria nivea XIV 791/2.
Proctopus arcticus VII 742/4.
Proctopus auritus VI 71/3.
Proctopus chilensis VIII 750.
Proctopus cornutus VII 745/7.
Proctopus dominicus VIII 748. CVI 1076.
Proctopus kallipareus VI 69 70. CVI 1074/5.
Proctopus Nestor VIII 754/5.

Proctopus poliocephalus VIII 753/5.
Proctopus Rollandi VIII 751/2.
Proctopus rufopectus VIII 749.
procurvus (Xiphorhynchus) DCIV 4061.
Prognornis macroura DCCCVI 4873/5.
promeropirhynchus (Dendrocopus) 506, 3678.
Promerops cafer DCXIII 4094 6.
Prosthemadera circinata CCCCXCII 3466.
Prunellii Bourcieria DCCXLVIII 4716/7.
Psarisomus Dalhousiae CCCCXXXIX 3207/8.
Pseudalector (Crax) CLXXIV 1516.
Pseudocolaptes semicinnamomeus 534, 3668.
Pseudocolaptes subulatus DXL 3695.
Pseudoryx (Euplectes) XXIII 200/2. En.
Pseudoseisura gutturalis DXXV 3630.
psittacea (Acalanthe) XI 96. En.
psittacea (Psittirostra) (3408).
psittacea (Treron) CXLVIII 1337. (3368).
psittacula (Ombria) CCLXV 2226/7.
psittacula (Phaleris) III 20/1.
Psittirostra psittacea (3408).
Psophia crepitans CXXVI 1225/6.
Psophia leucoptera CXXVI 1228/9.
Psophia viridis CXXVI 1227.
Pterocles Alchata CCVII 1813/4.
Pterocles arenarius CCVII 1809/12.
Pterocles bicinctus CCVIII 1819/20.
Pterocles coronatus CCVIII 1815/6.
Pt. exustus CCIX 1823/4.CCCLXXXIX3022/3.
Pt. fasciatus 208, 1817/8.(2906/7).389, 3024/5.
Pterocles gutturalis CCX 1829/30.
Pterocles Lichtensteinii CCIX 1827/8.
Pterocles namaquus CCIX 1825/6.
Pterocles personatus CCVIII 1821/2.
Pterocles senegalus CCX 1831/2.
Pterocles variegatus CCX 1833/4.
Pterocyanea circia LI 183/5.
Pterocyanea coerulata LI 178.
Pterocyanea coeruleata CCLXXXIV 2337.
Pterocyanea discors LI 176/7.
Pterocyanea inornata CCCXVII 2556.
Pter. maculirostris LI 181. CCLXXXIV 2344.
Ptilinopus Du Petit Thouarsii (2485).
Ptilinopus fasciatus IV 34/5. Nov. C.
Ptilinopus Feliciae CCCXXV 2589.
Ptilinopus jamboo (2488/9).
Ptilinopus Mariae IV 38/40.N.C. V 49/50.N.C.
Ptilinopus purpuratus IV 36/7. Nov. C.
Ptilocalpa griseipectus III 30/1. Nov. C.
Ptilonopus Clementinae (2588).
Ptilonopus Ewingii CXLIII 1307/8.
Ptilonopus flavipectus CXLII 1305.

Ptilonopus Mariae (2586).
Ptilonopus pulchellus CXLIV 1311.
Ptilonopus Swainsonii CXLIII 1309/10.
Ptilonopus viridissimus (3367).
ptilonorhyncha (Numida) CLXXXVI 1597/8.
Ptilopachus ventralis 199, 1736 7. 313, 2525.
Ptilorhis paradisea DCIX 4083/5.
Ptilorhis Victoriae DCX 4086 8.
ptiloscelis (Vanellus) CCXCIX 2434.
Ptilotis analoga CCCCLXVII 3332.
Ptilotis auricomis CCCCLXX 3353/4.
Ptilotis chrysops CCCCLXVIII 3341/2.
Ptilotis chrysotis CCCCLXVI 3330/1.
Ptilotis cratitia CCCCLXIX 3345/6.
Ptilotis filigera CCCCLXXI 3357/8.
Ptilotis flava CCCCLXX 3351/2.
Ptilotis flavescens CCCCLXX 3349/50.
Ptilotis flavigula CCCCLXVI 3328 9.
Ptilotis fusca CCCCLXVII 3333/4.
Ptilotis leucotis CCCCLXVI 3326/7.
Ptilotis maculata CCCCLXXXIII 3413.
Ptilotis ornata CCCCLXVII 3335/6.
Ptilotis penicillata CCCCLXVIII 3339/40.
Ptilotis plumula CCCCLXVII 3337/8.
Ptilotis reticulata CCCCLXXXIII 3412.
Ptilotis sonora CCCCLXIX 3343/4.
Ptilotis versicolor CCCCLXIX 3347/8.
pubescens (Picus) DCXXXVIII 4255/7.
Pucherani (Xiphorhynchus) DXXXII 3658.
Pucrasia (macrolopha) CCXXXI 1992/4.
puella (Chalcopeleia) CCCXXV 2593.
puella (Megaloprepia) IV 41. Nov. C.
Puffinus aequinoctialis XII 340/1.
Puffinus Anglorum IX 765/6.
Puffinus assimilis CCCXXVII 2600.
Puffinus brevicaudatus CCLXXII 2271/2.
Puffinus carneipes CCCXXVII 2601.
Puffinus cinereus IX 768 9.
Puffinus Lessonii XII 339.
Puffinus leucomelas IX 767.
Puffinus major IX 770.
Puffinus obscurus CCLXIX 2250/1.
Puffinus sphenurus CCCXXVII 2602/3.
pugnax (Philomachus) CCLXXXVIII 2368.
pugnax indicus (Philomachus) CCXC 2375/7.
pugnax (Tringa) LXXII 596/604.
pugnax (Turnix) CCVI 1794/6.
pulchella (Lacedo) CCCCXXIX 3168/9.
pulchella (Panaeola) DLXXXI 3952/3.
pulchellus (Nettapus) LV 938/9.
pulchellus (Ptilonopus) CXLIV 1311.
pulcherrima (Erythraena) 3361.

Rallus indicus CCCXXII 2575/6.
Rallus Lewinii CCCXLII 2689/90.
Rallus longirostris CXVI 1150/1.
Rallus pectoralis CCCV 2465/6.
Rallus virginianus CXV 1146/7.
Ramondii (Chlorestes) DCCIV 4584/6.
Ramphalcyon amauroptera 481, 3407.
Ramphalcyon capensis CCCXCIX 3072/3.
R. gurial CCCXCIX 3075. CCCCXXVI 3158.
Ramphalcyon javana CCCCLXXXI 3406.
rectirostris (Ardea) CCCXXXVIII 2671.
rectirostris (Euchloridia) DXC 4003.
rectirostris (Limnornis) DXLVI 3723.
Recurvirostra americana LXVI 991.
Recurvirostra Avocetta LXVI 985/7.
Recurvirostra Avocetta fissipes LXVI 988.
R. occidentalis CCLXXXVIII 2364/5.
Recurvirostra Novae Hollandiae LXVI 989/90.
Recurvirostra orientalis LXVI 520.
Recurvirostra rubricollis LXVI 989/90.
recurvirostris (Avocettula) DCLXXIX 4487/9.
recurvirostris (Esacus) CV 1071.
Reevesii (Phasianus) CCXXIII 1951.
regia (Platalea) LXXXIV 424.
regia (Sarkidiornis) LVI 227.
regia (Tetraenura) XXVI 217/8. En.
Reginae? (Bellatrix) DCCCXIII 4899/900.
regius (Campephilus) DCXLIX 4331/2.
regulorum (Balearica) CCCLXVI 2855/6.
Reichenbachii (Crossophthalm.) 135, 1268.
Reinhardtii (Lagopus) (2922/3).
Reinwardtii (Turacoena) CLVII 1400.
religiosa (Threskiornis) LXXXI 539/40.
remigera (Steganura) DCCVIII 4601/2.
Rendallii (Numida) (2544).
Reptuschka (Vanellus) CI 672. CII 1048/9.
reticulata (Ptilotis) CCCCLXXX III 3412.
Rhabdornis mystacalis DLXVI 3859/60.
Rhami (Heliodoxa) DCCXLVI 4712/3.
Rhamphiculus jambu 147, 1334/5. (3488/9).
Rhamphomicron dispar DCCCXXXIII4960/2.
Rhamphomicron Herrani DCCCXXII 4926/8.
Rhamph. heteropogon DCCCXX 4922/3.
R. Lumachellus DCCCXXIII 4929/31.
R. microrhynchum DCCCXVIII 4915/8.
Rhamphomicron ruficeps DCCCXXI 4924/5.
Rhamphomicron Stanleyi DCCCXIX 4919/21.
Rhamphomicron viola DCCCXXII 4958/9.
Rhea americana CCLXI 2194/5.
Rhea Darwinii CCLXI 2196/7.
Rhinopomastes cyanomelas DC 4048/9.
Rhinopomastes minor DC 4050.

Rhodinocincla rosea DXLIII 3707/8.
Rhodostethia rosea XXV 843.
Rhynchaea australis LXX 999,1000.
Rhynchaea capensis LXXI 548/9.
Rhynchaea hilairea LXXI 550/1.
Rhynchaea madagascariensis LXXI 547.
Rhynchops albicollis LXIV 975.
Rhynchops brevirostris XVIII 256.
Rhynchops cinerascens XVIII 255.
Rhynchops melanura CCCXXXI 2623.
Rhynchops nigra XVIII 400/1.
Rhynchops orientalis XVIII 402.
Rhynchotis Perdix CLXXXV 1581/2.
Rhynchotis rufescens CLXXXV 1579/80.
rhynchotis (Spatula) 65, 980. 283, 2334/5.
Richardsonii (Lestris) XXV 848.
ridibundus (Larus) XXIII 297/301.
Riefferii (Amazilia) DCCLXXV 4798/9.
risoria (Streptopeleia) CLII 1365/6.
Rissa nivea CCLXIX 2254.
Rissa Polocandor CCLXXIV 2278.
Rissa tridactylus XXIII 824/6.
Rivolii (Colaptes) DCLXVIII 4430/1.
Rivolii (Jonotreron) CXLIII 1306. (3364).
robusta (Arachnoraphis) DXCIV 4031.
robustus (Campeph.) 649, 4333/4. 651, 4339/40.
Rollandi (Proctopus) VIII 751/2.
Rollulus cristatus CCXIX 1920/2.
Rollulus niger CCXIX 1923/4.
rosacea (Ducula) CXXXVI 1275.
rosea (Rhodinocincla) DXLIII 3707/8.
rosea (Rhodostethia) XXV 843.
Rossii (Thinornis) CII 1053.
Rousseau (Pampusana) CXXXV 1269.
ruber (Melanerpes) DCXLII 4287/8.
ruber (Phoenicopterus) LXIII 417.
ruber (Selasphorus) DCCCLII 5021/3.
rubescens (Dicaeum) DLVI 3776/7.
rubida (Erismatura) XLII 887/8.
rubidicollis (Melanerpes) DCXLIII 4289/90.
rubiginosa (Coturnix) 191, 1654/5. 309, 2507.
rubiginosa (Rallina) CXX 1187.
rubiginosus (Chlioronerpes) DCXXIV 4156/8.
rubiginosus (Ploceus) XLI 311. En.
rubinea (Heliodoxa) DCCXLIV 4706/9.
rubinoides (Heliodoxa) DCCXLIII 4704/5.
rubra (Crax) CLXXV 1523/4. spl. 273 b 5042.
rubra Albini (Crax) spl. 273 b 5044.
rubra (Foudia) XXXI 244/5. En.
rubra (Harpiprion) LXXIX 525/6.
rubricapilla (Zosterops) CCCCLXII 3303/5.
rubricata (Lagonosticta) XVII 151. En.

rubricatus (Colaptes) DCLXVI 4422/3.
rubricatus (Pardalotus) 3808/9).
rubricollis (Campephilus) DCLI 4341,2.
rubricollis (Francolinus) CCII 1767.
rubricollis (Podiceps) VI 64/8.
rubricollis (Recurvirostra) LXVI 989,90.
rubricollis (Sycobius) (332/4). En.
rubricollis major (Podiceps) CCCLXXV 2941.
rubrifrons (Phymatoblepharus) 641, 4278,9.
bruripes (Megapodius) CLXXVII 1533.
rubriventris (Astrilda) II 12. En.
rubro ⚭ Albini (Crax) spl. 273b 5045.
rubro ⚭ globicera (Crax) spl. 273b 5043.
rubrocanum (Dicaeum) DLVI 3778/9.
rubrum (Dicaeum) DLVI 3775.
rudis (Ceryle) CCCCVIII 3097.
Rüppelii (Francolinus) CCI 1759.
rufa (Caccabis) CXCVII 1712/8.
rufa (Climacteris) DLXVI 3855/6.
rufa (Limosa) LXXVI 565 6.
rufaxilla (Leptoptila) CLXII 1436/7.
rufescens (Ardea) 89, 478. 362, 2430/1.
ruf. (Pelecanus) XXXVII 384/6. XXXVII 878.
rufescens (Rhynchotis) CLXXXV 1579/80.
ruf. (Tringa) LXVII 657. CCCLVII 2803/5.
ruficapilla (Synallaxis) DXVIII 3593/4.
ruficapillus (Aegialitis) 98, 730/1. 298, 2424/5
ruficauda (Bathilda) V 41,3. En.
ruficauda (Galbula) CCCCLVI 3274 5.
ruficauda (Leptoxyura) DXX 3605.
ruficaudus (Ochetorhynchus) (3717).
ruficeps (Chloronerpes) DCXXII 4146/7.
ruficeps (Macropygia) CLVI 1397,8.
ruficeps (Ortalida) CLXX 1496.
ruficeps (Rallina) CXX 1186. CXXII 1204/5.
ruficeps (Ramphomicron) DCCCXXI 4924/5.
ruficollis (Bernicla) LVI 233/4.
ruficrista (Lophotis) CCLVI 2175.
rufidorsa (Ceyx) CCCXCVIII 3070.
rufifrons (Phacellodomus) DXXI 3611/2.
rufigastra (Hemiphaga) CXL 1296.
rufigula (Phlegoenas) CCCXXVI 2597.
rufigular. (Acanthogenys) CCCXCIII3472,3.
rufigularis (Anumbius) DXXI 3608.
ruf. (Conopophila) CCCLXXXIX 3448,9.
rufina (Branta) XLI 116,8.
rufina (Chloroenas) (2583,4).
rufipes (Himantopus) XCVII 638,40.
rufitorques (Fuligula) CCCLI 2754/5.
rufiventris (Halcyon) CCCCII 3083/4.
rufiventris (Penelopsis) CLXX 1495.
rufopectus (Proctopus) VIII 749.

rufopicta (Lagonosticta) IV 38. En.
rufosuperciliata (Leptoxyura) DXXVIII 3641.
rufus (Cursorius) CCCLXXVIII 2955.
rufus (Meiglypt.) 659, 4381/2. 681, 4497/8.
rufus (Platystylopterus) DCCLXXXIX4834/5.
rumicivorus (Thinocorus) CLXXX 1548/50.
rupestris (Columba) II 14. Nov. C.
rupestris (Lagopus) CCXIV 1876,8. (2924/7).
rupicola (Colaptes) DCLXVIII 4428,9.
rupicola (Turtur) CLI 1359. (2585).
russata (Ardeola) LXXXVII 492.
rusticula (Scolopax) LXVIII 552/3.
rutila (Casarca) LIII 426'7.
rutilans (Synallaxis) DXX 3602.
rutilans (Xenops) DXLI 3699,700.

Sabinae (Metallura) DCCXX 4636/7.
Sabinii (Larus) 274, 2280/1. 347, 2730/1.
Sabinii (Telmatias) LXVIII 557.
Sabinii (Xema) XXIV 837.
sacra (Todiramphus) CCCCXXIII 3148,9.
Saepiopterus lazulus DCCCI 4863/4.
sagitta (Coeligena) 689, 4525. 690, 4527,8.
Salpornis spilonota (3844).
sancta (Todiramphus) CCCCXVIII 3131/3.
Sancti Thomae (Anaplectes) XLIV 324. En.
sandvicensis (Bernicla) CCLXXXVI 2355/6.
sandwichensis (Zapornia) CXIX 1184/5.
sanguinea (Himatione) DLXII 3833/4.
sanguinea (Myzomela) CCCCLXXXV 3426.
sanguineus (Chloronerpes) DCXXVI 4167,8.
sanguinirostris (Quelea) XXX 233/5. En.
sanguinolenta (Myzomela) 485, 3427/9.
sanguinolentum (Dicaeum) DLVII 3783.
sapphirina (Hylocharis) DCCLXIX 4780,2.
Sappho phaon DCCXXV 4653,4.
Sappho sparganura DCCXXIV 4651/2.
Sarciophorus tricolor CII 1051 2.
Sarkidiornis melanotus LVI 227.
Sarkidiornis regia LVI 227.
Sarracura (Rallina) CXXII 1203.
Sasia abnormis DCXVIII 4119.
saturata (Aithopyga) DLXXXVII 3986.
saturata (Scolopax) CCCLIV 2780.
Satyra Edwardsii CCXXXII 1995/6.
Satyra Hastingii CCXXXII 1997/8.
Satyra Lathami CCXXXIV 2003/6.
Satyra melanocephala CCXXXIII 1999/2002.
Saulae (Lafresnaya) DCLXXXVI 4828/9.
Savignyi (Merops) CCCCXLIV 3225/6.
scalaris (Picus) (4264/6).·
scandens (Climacteris) DLXV 3851/2.

stagnatilis (Totanus) LXXV 578/9.
Stagonopleura guttata V 44/6. En.
Stangeri (Chalcomitra) DLXVIII 3875.
Stanleyamus (Anthropoides) CXXIX 1238.
Stanleyi (Gallus) CCXLI 2043/44.
Stanleyi (Rhamphomicron) 819, 4919/21.
Starnoen.cyanocephala161,1431. 369,2879,81.
Steganura Addae DCCIX 4603/5.
Steganura melananthera DCCX 4608/9.
Steganura paradisea XXVIII 224/5. En.
Steganura peruana DCCIX 4606,7.
Steganura remigera DCCVIII 4601/2.
Steganura spatuligera DCCVIII 4598/600.
Steganura sphenura XXVIII 226/7. En.
Steganura Unterwoodii DCCVII 4596/7.
stellaris (Botaurus) LXXXVII 504/5.
stellata (Megaceryle) 410, 3105. 418, 3487.
stellatus (Odontophorus) 386, 3007/8.
Stelleri (Eniconetta) XLVI 908,10.
Stephani (Chalcophaps) CCCXXVI 2595.
Sterna acuticauda CCLXX 2257.
Sterna affinis XIX 267.
Sterna albigena XXI 816.
Sterna albostriata XXI 817.
Sterna anglica XIX 261.
Sterna aranea XXII 826/7.
Sterna arctica XX 274,80.
Sterna aurantia CCLXXI 2260.
Sterna Bergii XIX 265
Sterna brevirostris CCLXX 2259.
Sterna cajennensis XIX 266.
Sterna cantiaca XIX 262,4.
Sterna caspia XVIII 258/60.
Sterna coccinirostris CCLXXI 2262.
Sterna cristata XXII 822.
Sterna Dougalli XXII 824/5.
Sterna fuliginosa XXII 828. CCLXXII 2265/6.
Sterna fuliginosa juv. LXV 976.
Sterna galericulata XXII 823.
Sterna Gouldii XXII 829. CCLXXII 2267,8.
Sterna gracilis CCCXXXII 2633,4.
Sterna Havellii CCCXLVII 2728.
Sterna hirundo XIX 269/73.
Sterna javanica CCLXX 2258.
Sterna melanauchen XX 282. CCLXX 2255/6.
Sterna melanogastra XX 281.
Sterna melanorhyncha CCCXXXII 2631/2.
Sterna minuta XX 283,6.
Sterna Nereis XXI 820/1.
Sterna panaya CCCXXXII 2638/9.
Sterna paradisea XXII 824 5.
Sterna pelecanoides CCCXXXI 2629/30.

Sterna poliocerca CCCXXXI 2627/8.
Sterna Scena CCLXXXI 2318.
Sterna serrata CCCXXXII 2635/7.
Sterna similis CCLXXI 2261.
Sterna strenua CCLXXI 2263/4.
Sterna Torresii CCCXXXI 2625/6.
Sterna Trudeaui CCCXLVII 2729.
Sterna velox XIX 268.
Stictoenas arquatrix CXXXI 1251,2.
Stictoenas guinea II 22. Nov. C.
Stictoenas trigonigera CXXXI 1250.
Stictopeleia cuneata 155, 1387,9. 168, 1478,9.
Stictoptera annulosa X 89/90. En.
Stictoptera Bichenovii X 91/2. En.
stolida (Anous) XX 287.
stolidus (Anous) CCLXXIII 2276/7.
Stomiopera ocularis CCCCLXXIX 3399/400.
Stomiopera unicolor CCCCLXXI 3355,6.
strenua (Sterna) CCLXXI 2263,4.
Strepera (Chaulelasmus) LII 165/7.
strepitans (Columbina) CLVIII 1405.
Strepsilas interpres CIV 659,60. CIV 1072.
Streptopeleia bitorquata CLIII 1373/4.
Strept. erythrophrys CLII 1368. CLIII 1371.
Streptopeleia Gumri CLII 1364. 1367.
Streptopeleia humilio CLII 1370.
Streptopeleia lugens CLIII 1372.
Streptopeleia risoria CLII 1365,6.
Streptopeleia semitorquata CLII 1369.
Streptopeleia vinacea III 24. Nov. C.
striata (Geopeleia) CLV 1385/6.
striata (Trichogramoptila) XIII 116/7. En.
striaticeps (Bathmidura) (3613).
striaticeps (Brachypternus) DCLIII 4351.
striatus (Centurus) DCLXIII 4404,5.
striatus (Pardalotus) DLX 3812/6.
Stricklandii (Telmatias) LXX 998.
strictipennis (Threskiornis) LXXXII 1007/8.
strigilatus (Lobivanellus) C 682,3.
strigirostris(Diduncul.) 176,1528.309,2497/8.
strigirostris (Pleiodus) VII 79. Nov. C.
striolata (Chelicutia) CCCCXXIV 3155.
striolata (Thripophaga) DXL 3693/4.
striolatus (Gecinus) DCXXI 4143.
Strophiana (Trochilus) DCCCXXXI 4956/7.
Strophium (Odontophorus) 388, 3016/7.
Struthersii (Ibidorhyncha) XCVI 1044.
Struthio Camelus CCLXII 2198,200.
Struthio et pulli CCLXII 2201/5.
struthio (Grus) CXXVII 429.
Sturmii (Ardetta) CCXCIII 2392.
subarquata (Tringa) LXXIII 618/20.

tristis (Meiglyptes) DCLVII 4370/1.
Trocaza laurivora CXXXIV 1263/4.
Trocaza Meyeri II 19. Nov. C.
trochilea (Certhiola) DLXI 3827.
trochilirostris (Xiphorhynchus) 532, 3660/1.
Trochilus amethysticollis DCCCXXIX4950/2.
Trochilus Anna DCCCXXXIV 4963/5.
Trochilus Clarissa DCCCXXX 4953/5.
Trochilus Colubris DCCCXXVI 4939/44.
Trochilus Costae DCCCXXXVI 4969/72.
Trochilus Heloisa DCCCXXXV 4966/8.
Trochilus Mavors DCCCXXVII 4945/7.
Trochilus Spencei DCCCXXVIII 4948/9.
Trochilus Strophiana DCCCXXXI 4956/7.
troile (Uria) IV 32/6.
Tropidorhynchus argenticeps DVI 3522.
Tropidorhynchus corniculatus DVI 3523/4.
Tropidorhynchus Monachus DVI 3521.
Trudeaui (Sterna) CCCXLVII 2729.
Trugon terrestris CCCXXVI 2598.
tumulus (Megapodius) CLXXVI 1531.
Turacoena manadensis CLVII 1403/4.
Turacoena modesta CLVII 1401.
Turacoena Reinwardtii CLVII 1400.
turdina (Dendrocincla) DXXXV 3671.
Turneri (Leucippus) DCCLXXIX 4811.
Turnix africanus CCIV 1773/5.
Turnix castanotus CCIV 1779/80.
Turnix Dussumieri CCIV 1776.
Turnix fasciatus CCV 1793.
Turnix hottentottus CCIV 1781/2.
Turnix joudera CCV 1791.
Turnix lepurana CCIV 1777/8.
Turnix maculosus CCV 1789/90. (2515/6).
Turnix melanogaster CCVI 1798. (2523/4).
T. nigricollis CCVI1797. CCCLXXXVIII2895.
Turnix nigrifrons CCVI 1801/3. (2521/2).
Turnix ocellatus CCVI 1799/800.
Turnix pugnax CCVI 1794/6.
Turnix pyrrhothorax CCV 1787/8.
Turnix scintillans (2519/20).
Turnix Taigoor CCV 1792.
Turnix varius CCIV 1783/4. (2517/8).
Turnix velox CCV 1785/6.
Turtur auritus CLI 1356/8.
Turtur cambayensis III 26. Nov. C.
Turtur chinensis III 26. Nov. C.
Turtur cinereus III 25. Nov. C.
Turtur Dussumierii CLI 1360.
Turtur picturatus CXXXIII 1260.
turtur (Prion) X 773/5.
Turtur rupicola CLI 1359. (2585).

Turtur senegalensis CLIII 1375/6.
Turtur suratensis CLI 1363. (3374).
Turtur tigrinus CLI 1361/2.
Tympanistria bicolor CLXII 1435.
Typhon (Ardea) XCI 466.
typica (Chlorestes) DCCI 4569/70.
typica (Coeligena) DCLXXXVI 4515.
typica (Helianthea) DCCXXXII 4677/9.
typus (Anastomus) XCV 439.
tyrannina (Dendrocincla) DCIV 4060.
tyrianthina (Metallura) DCCXIX 4630/1.

Ultramarina (Hypochera) XXII 190/1. En.
umbellata (Sphenorhynchus) XCIII 456.
umbellus (Bonasia) CCXI 1838/40.
umbretta (Scopus) LXXXVI 513.
undatus (Meiglyptes) DCLIX 4380. (4369 err.)
undina (Eudyptes) I a 9, 10.
undulata (Astrilda) II 7, 9. En.
undulata (Botaurus) LXXXVII 506.
undulata (Houbara) CCLI 2146/7.
undulatus (Tinamus) CLXXXIII 1567.
uniclavata (Scolopax) CCCLV 2784/5.
unicolor (Haematopus) XCVI 1043.
unicolor (Mesoenas) CLXXVII 1538 b.
unicolor (Stomiopera) CCCCLXXI 3355/6.
unirufus (Homorus) DXXV 3631.
unirufus (Thelydrias) DXLVI 3724.
Unterwoodii (Steganura) DCCVII 4596/7.
Upucerthia dumetoria DXLVIII 3734.
Upucerthia hypoleuca DCVII 4074.
Upupa capensis DXCV 4035.
Upupa ceylonensis DXCV 4036.
Upupa Epops DXCV 4032/4.
Upupa indica DXCVI 4037.
Upupa ? monolophos DXCVI 4038.
Uria Hringvia IV 37/8.
Uria Lomvia IV 39/42.
Uria troile IV 32/6.
Urica (Merops) CCCCXLIII 3223/4.
Urile (Graculus) CCLXXX 2311/2.
urinatrix (Halodroma) IX 762/3.
Urobrachya axillaris XXIX 228/9. En.
Urogallus hybridus CCXVIII 1905/8.
Urogallus Urogallus CCXVIII 1909/13.
Uroloncha nisoria XVI 143/6. En.
Uroloncha punctularia XVI 141/2.
Uropelcia campestris CLVIII 1406.
Uropelcia dominicensis CLXII 1438.
urophasianus (Dafila) CCLXXXIII 2336.
urophasianus (Tetrao) CCXVI 1890/2.
uropygialis (Arachnocestra) DXCII 4017.

uropygialis (Limosa) CCCXXXVI 2661/2.
uropygialis (Numenius) CCCLX 2822/3.
uropygialis (Pardalotus) DLX 3819/20.
Urumutum (Crax) CLXXV 1525.
Urvillii (Alecthelia) CLXXVI 1529.

Vagans (Dendrocygna) CCLXXXVII 2361.
vagans (Todiramphus) CCCCXIX 3138/9.
Vaillantii (Zosterops) CCCCLX 3285/6.
validirostris (Melithreptus) D 3492/4.
validus (Dendrocolaptes) DCIV 4062.
validus (Hemilophus) DCXLIV 4304/5.
Valisneri (Nyroca) XLII 127.
Valisneriana (Fuligula) CCCLI 2758/60.
Vanellus cristatus CI 667/71.
Vanellus gregarius CI 672. CII 1048/9.
Vanellus melanogaster CI 673/5.
Vanellus ptiloscelis CCXCIX 2434.
Vanellus Reptuschka CI 672. CII 1048/9.
varia (Erolia) XCVI 657.
variegata (Casarca) CCLXXXV 2351.
variegata (Diacmura) XVII 156. En.
variegata (Mesoenas) CLXXVII 1538.
variegata var. (Perdix) CXCV 1698. 1702/3.
variegata (Porzana) CXVIII 1175.
variegatus (Merops) CCCCXLVII 3238.
variegatus (Pterocles) CCX 1833/4.
variegatus (Tinamus) CLXXXIV 1570/1.
variolosa (Campethera) DCLXXV 4464/5.
varius (Gallus) CCXL 2034/5.
varius (Graculus) XXXV 874.
varius (Picus) (4258/60).
varius (Turnix) CCIV 1783/4. (2517/8).
velox (Sterna) XIX 268.
velox (Turnix) CCV 1785/6.
Venilia chlorophanes DCXXIX 4182/3.
Venilia gularis DCXXVIII 4180/1.
Venilia mentalis DCXXVIII 4178/9.
Venilia miniata DCXXIX 4184/5.
Venilia porphyromelas DCXXIX 4187/8.
Venilia punicea DLXXVIII 4176/7.
venusta (Chalcomitra) DLXIX 3884.
ventralis (Hoplopterus) CCXCIX 2428/9.
v. (Ptilopachus) 199, 1736/7. 313, 525.
ventralis (Tribonyx) CCCIV 2458/9.
venusta (Coeligena) DCLXXXIII 4504/5.
veraguensis(Anthracothorax)DCCXCIV4848.
Veranii (Ardeola) XCV 1073.
verecunda (Padda) XV 133. En.
veredus (Charadrius) CCCXL 2679/80.
vermiculatus (Tinamus) CLXXXII 1559.
vernans (Osmotreron) CXLVIII 1340/1.

Verreauxii (Elaeocerthia) DLXXVIII 3932/3.
Verreauxii (Hypargos) VI 49. En.
Verreauxii (Lophornis) DCCCXII 4896.
versicolor (Agyrtria) DCCLIX 4750/1.
versicolor (Phasianus) CCXXII 1949/50.
versicolor (Ptilotis) CCCCLXIX 3347/8.
verticalis (Leucochloridia) DXC 4002.
verticeps (Chlorestes) DCCV 4590.
vespera (Calliphlox) DCCCXLI 4984/5.
Vestiaria coccinea DLXII 3830/2.
vestita (Eriocnemis) DCCXXVI 4657/9.
veterum (Porphyrio) CVIII 1092/3.
vetula ? (Ortalida) spl. 271 b 5052.
Victoriae (Goura) CLXVII 1475.
Victoriae (Lesbia) DCCXV 4622/3.
Victoriae (Ptilorhis) DCX 4086/8.
Vidua erythrorhyncha XXV 214/6. En.
Vidua serena XXV 213. En.
Vidua superciliosa XXV 212. En.
viduata (Dendrocygna) LI 173/4.
Vieillotii (Macartneya) CCXXXIX 2031/33.
Vieillotii (Polyplectron) CCXXVII 1971.
Vigorsii (Aithopyga) DLXXXVI 3979/81.
Vigorsii (Trachelotis) CCLV 2171/2.
villosus (Picus) DCXXXVIII 4252/4.
Villotaei (Squatarola) CI 676.
vinacea (Chloroenas) 257 b 3384.
vinacea (Peristera) CCCCLXXVI 3389.
vinacea (Streptopeleia) III 24. Nov. C.
Vinago australis 240 b 3371/2.
vintsioides (Alcedo) juv. CCCXCVI 3059.
vints. (Corythornis) 396, 3059. 480, 3401 5.
viola(Rhramphomicron)DCCCXXXII4958/9.
violacea (Anthobaphes) DLXXXII 3954/6.
violacea (Oreopeleia) Taf. 267 b 3386.
violacea (Peristera) CCCCLXXVI 3391.
violaceus (Graculus) CCCL 2750.
virescens (Ardea) LXXXVIII 489/90.
virescens (Cinnyris) DLXXV 3919.
virescens (Melithreptus) D 3500.
virgata (Aphriza) CCC 2435/6.
virgatus (Numenius) LXXVIII 543.
virginianus(Ortyx)193, 1678/80. 370,2889/94.
virginianus (Rallus) CXV 1146/7.
virgo (Scops) CXXIX 1237.
viridans (Polytmus) DCCXCIX 4858/60.
viridiceps sp. (Agyrtria) DCCLVII 4742/3.
viridipallens (Agyrtria) DCCLVIII 4746.
viridipectus (Chlorestes) DCCII 4573/5.
viridis (Agyrtria) DCCLXV 4771/2.
viridis (Astrilda) II 16. En.
viridis (Chlorophanes) DXC 4004.

Zosterops Meyeni CCCCLXI 3294.

Zosterops obscura CCCCLXI 3299.

Zosterops palpebrosa CCCCLXII 3300/1.

Zosterops parvula CCCCLXI 3297.

Zosterops rubricapilla CCCCLXII 3303/5.

Zosterops senegalensis CCCCLX 3288.

Zosterops Vaillantii CCCCLX 3285/6.

Zosterops westernensis CCCCLXII 3202.